学习贯彻
党的二十届三中全会精神述评

新华通讯社◎编著

新 华 出 版 社

图书在版编目（CIP）数据

学习贯彻党的二十届三中全会精神述评 / 新华通讯社编著 .
北京 : 新华出版社 , 2024. 7.
ISBN 978-7-5166-7570-0

Ⅰ . D229

中国国家版本馆 CIP 数据核字第 20242GY458 号

学习贯彻党的二十届三中全会精神述评
编著：新华通讯社
出版发行：新华出版社有限责任公司
（北京市石景山区京原路 8 号　邮编：100040）
印刷：河北鑫兆源印刷有限公司

成品尺寸：170mm × 240mm　1/16　　印张：16.5　　字数：200 千字
版次：2024 年 9 月第 1 版　　印次：2024 年 9 月第 1 次印刷
书号：ISBN 978-7-5166-7570-0　　定价：60.00 元

出版说明

党的二十届三中全会是在新时代新征程上，中国共产党坚定不移高举改革开放旗帜，紧紧围绕推进中国式现代化进一步全面深化改革而召开的一次十分重要的会议。

全会最重要的成果是审议通过了《中共中央关于进一步全面深化改革、推进中国式现代化的决定》。决定提出了300多项改革举措，进一步全面深化改革蓝图清晰呈现，中国式现代化的广阔前景催人奋进。

为便于广大干部群众学习贯彻党的二十届三中全会精神，新华出版社以新华社公开播发的党的二十届三中全会相关报道为基础编辑出版了《学习贯彻党的二十届三中全会精神述评》一书。为丰富读者视听体验，该书随文配设新华社公开播发的相关图片数十幅；同时按照适配性原则，精选部分新华社融合报道稿件，以二维码图片形式随文配入书中。

该书内容权威、图文并茂、通俗易懂，有利于广大干部群众深入学习贯彻党的二十届三中全会精神。

目录
Contents

第一部分　新征程　新起点　标注改革开放新的里程碑

第一部分

新征程　新起点
标注改革开放新的里程碑

2024 年 7 月 15 日至 18 日，党的二十届三中全会在北京召开。此次全会是在新时代新征程上，中国共产党坚定不移高举改革开放旗帜、紧紧围绕推进中国式现代化进一步全面深化改革召开的一次十分重要的会议。全会最重要的成果是审议通过了《中共中央关于进一步全面深化改革、推进中国式现代化的决定》。决定提出了 300 多项改革举措，进一步全面深化改革蓝图清晰呈现，中国式现代化的广阔前景催人奋进。

扫码观看
《学习原声 | 不断把新时代改革开放推向新境界》

以进一步全面深化改革开辟中国式现代化广阔前景

——写在党的二十届三中全会召开之际

在中华民族伟大复兴的历史长卷中，改革开放是具有深远意义的伟大事件。

40 多年前，中国共产党作出改革开放的关键抉择。

进入新时代，以习近平同志为核心的党中央以巨大的政治勇气和智慧推进全面深化改革，开创中国特色社会主义事业崭新局面。

如今，在全面建设社会主义现代化国家的新征程上，又将矗立起新的里程碑——党的二十届三中全会将于 7 月 15 日至 18 日在北京召开，对进一步全面深化改革、推进中国式现代化作出战略部署。

历史，必将在新的伟大变革中迸发出更加澎湃的力量。

九万里风鹏正举——党的十八大以来，以习近平同志为核心的党中央掌舵领航，以伟大的历史主动精神、巨大的政治勇气和智慧，掀起全面深化改革的春江大潮

珠江入海口，是为伶仃洋，潮起潮落，风起云涌。

6 月 30 日，全长约 24 公里的超级工程——深中通道正式通车，

跨越伶仃洋、连接东西岸，为当今世界最大湾区之一的粤港澳大湾区注入发展新动力。

放眼珠江两岸，正是在这里，炸响了改革开放的“开山第一炮”，吹响了新时代改革再出发的嘹亮号角。

2012 年 12 月，就任中共中央总书记 20 多天的习近平首次出京考察，便前往深圳、珠海、佛山、广州，到在我国改革开放中得风气之先的地方，现场回顾我国改革开放的历史进程。一个宣示振聋发聩：“改革不停顿、开放不止步”。

4 个月后，中共中央政治局作出历史性决策——党的十八届三中全会将研究全面深化改革问题并作出决定。习近平总书记亲自担任全会文件起草组组长。

历经 200 个日日夜夜，在文件起草组上报的每一稿上，习近平总书记都逐字逐句审阅，倾注了大量心血，高瞻远瞩提出全面深化改革的总目标，提出市场在资源配置中起“决定性作用”等重大论断。总书记旗帜鲜明表示“如果做了一个不痛不痒的决定，那还不如不做”。

2013 年 11 月，党的十八届三中全会通过了《中共中央关于全面深化改革若干重大问题的决定》，以 2 万多字的篇幅，一揽子推出 15 个领域、336 项改革举措。

★ 2024 年 6 月 27 日拍摄的深中通道全景。（新华社记者毛思倩摄）

这份改革开放以来历次三中全会中篇幅最长的决定文件，将改革全面扩展深化至经济、政治、文化、社会、生态文明、党的建设、国防和军队等各个领域，绘就了有史以来最全面最系统最深入的改革蓝图。

越是恢宏的改革蓝图，越需要改革者的勇毅与担当。

“攻坚期和深水区”——这是新时代改革所处的时代背景和现实条件。习近平总书记形容，“好吃的肉都吃掉了，剩下的都是难啃的硬骨头”，必须“敢于啃硬骨头，敢于涉险滩”。

为了带领全党全国各族人民攻坚克难，习近平总书记既举旗定向又细致指导，既领衔挂帅又作战出征。

党的十八届三中全会决定，在党中央首次设置专司改革工作的领导机构。从中央深改领导小组到中央深改委，习近平总书记亲自主持召开 72 次会议，研究审议每一项重要改革方案，提出重大改革议题、部署重大改革任务，关键环节亲自协调、落实情况亲自督察。

2018 年，一场“全面深化改革的战略性战役”——深化党和国家机构改革拉开大幕。

这是党的历史上首次统筹进行党中央部门和国务院机构的重大改革，是对国家治理体系进行系统性重塑的集中行动。

短短一年多时间，调整 80 多个中央和国家机关部门、直属单位，核减 21 个部级机构，仅在中央和国家机关层面就涉及 180 多万人……涉及范围之广、触及利益之深，让海外媒体直呼“力度空前”“出乎预料”。

“深化党和国家机构改革是要动奶酪的、是要触动利益的、也是真刀真枪的，是需要拿出自我革新的勇气和胸怀的。”习近平总书记态度坚决。

“明知山有虎、偏向虎山行。”改革深水区绕不开、躲不过，必须愈难愈进、勇往直前。

军队改革打破长期实行的四总部制，正师级以上机构减少 200 多个，人员精简三分之一；国税地税征管体制改革为长达 24 年的国地税分设局面画上句号，3.4 万个机构被撤销，2 万多名干部由正职转为副职；户籍制度改革冲破城乡壁垒，全面取消农业户口与非农业户口的性质区分，推动 1 亿非户籍人口在城市落户；废止劳动教养制度，延续半个世纪的劳教制度退出历史舞台……

面对一项项议论多年、久推不动、牵涉深层次调整的改革，习近平总书记亲自破局开路，破藩篱、扫障碍，推动实现历史性变革。

越是恢弘的改革蓝图，越需要改革者的谋略与智慧。

新形势下如何深化农村改革，是总书记一直思考的重要问题。40 多年前，正在上大学的习近平曾到安徽滁州实地调研包产到户，“当时来我记了一本笔记，我还收藏着”。

时移世易。随着城镇化快速发展、大量农民进城和农村分工分业的巨变，农村农业生产关系亟须新的调整。

2013 年 7 月，农历大暑时节，习近平总书记来到湖北武汉农村综合产权交易所，同工作人员和前来办理产权流转交易鉴证手续的农民交谈，详细询问产权交易具体流程。

同年 12 月，习近平总书记在中央农村工作会议上提出一个重大论断：“把农民土地承包经营权分为承包权和经营权，实现承包权和经营权分置并行。”

从“两权分离”到“三权分置”，这是中国农村改革的又一次重大创新，以四两拨千斤之力，为在坚持农村土地集体所有、保障农民承包权益前提下，推动农村土地经营权有序流转、促进多种形式农业适度规模经营打开了崭新空间。

目前，全国家庭承包耕地土地经营权流转面积大幅提升，家庭农场、农民合作社等新型农业经营主体蓬勃发展，成为推动现代农业发展的重要力量。

全面深化改革改到深处，没有经验可循，没有模式可依，需要“逢山开路、遇水搭桥”的探索和创新。

面对党内存在的腐败和作风问题，从制定中央八项规定切入，大刀阔斧推进党的建设制度改革，不断健全全面从严治党体系，找到跳出治乱兴衰历史周期率的第二个答案；破解司法改革困境，紧紧牵住司法责任制这个“牛鼻子”，建立办案质量终身负责制，推进以审判为中心的诉讼制度改革，把司法权力关进制度笼子；针对产权保护不同等不规范问题，把“有恒产者有恒心”写入中央文件，从顶层设计强化产权保护的法治化路径……

致广大而尽精微，一子落而满盘活。

面对新的时代形势和课题，习近平总书记瞄准重点任务、抓住关键环节，以高超的政治智慧和非凡的政治胆略，推动许多领域实现历史性变革、系统性重塑、整体性重构。

从党的十八届四中全会推动全面深化改革在法治轨道上稳步推进，到党的十九届三中全会部署改革开放以来最大规模的机构改革，从党的十九届四中全会系统描绘中国特色社会主义的制度图谱，到党的二十届二中全会对继续深化党和国家机构改革作出重要部署……新时代波澜壮阔的改革图卷，铺展在气象万千的神州大地上。

“啊，中国！你迈开了气壮山河的新步伐……”

2018年12月18日上午，庆祝改革开放40周年大会隆重举行。《春天的故事》熟悉而深情的旋律在人民大会堂响起。

这是首次以改革开放为主题的国家级表彰。农村改革的先行者、资本市场的开创者、民营经济的拓荒者、科技创新的推动者……数十名为改革开放作出杰出贡献的“改革先锋”受邀走上主席台，同习近平等党和国家领导人坐在一起。

在少先队员向他们敬献鲜花时，坐在主席台前排的习近平总书记带头起立转身，面向受表彰人员代表鼓掌致意。

掌声，是献给历史的敬意，是接续奋斗的号召。

“在这个千帆竞发、百舸争流的时代，我们绝不能有半点骄傲自满、故步自封，也绝不能有丝毫犹豫不决、徘徊彷徨，必须统揽伟大斗争、伟大工程、伟大事业、伟大梦想，勇立潮头、奋勇搏击。”习近平总书记激情满怀。

纵横正有凌云笔——科学把握改革规律，以全新的改革思想指导新实践、引领新变革，习近平总书记提出一系列关于全面深化改革的新思想新观点新论断，成为指引新时代改革开放的根本遵循

伟大时代孕育伟大思想，伟大思想引领伟大征程。

新时代全面深化改革之所以能取得历史性成就，根本在于习近平总书记作为党中央的核心、全党的核心领航掌舵，在于习近平新时代中国特色社会主义思想科学指引。

2013 年 7 月 21 日，江城武汉，大雨滂沱。

习近平总书记卷起裤腿，蹚着积水，打着伞，边走边向工作人员了解有关情况。

此时距离党的十八届三中全会召开不到 4 个月，大会文件起草正值关键阶段。进入深水区的改革，面对更多风雨、更大阻力，如何穿越险滩暗礁、激流巨浪？

在这次考察中，习近平总书记拨云见日："必须从纷繁复杂的事物表象中把准改革脉搏，把握全面深化改革的内在规律"，并提出要正确处理解放思想和实事求是、整体推进和重点突破、顶层设计和摸着石头过河、胆子要大和步子要稳、改革发展稳定等五大关系，被外界认为"给接下来的全面深化改革定调"。

思想的闪电，总是先于巨变的雷鸣。

党的十八大以来，以习近平同志为核心的党中央高瞻远瞩、把脉定向，及时回答时代之问、人民之问，廓清困扰和束缚改革发展的迷雾，以一系列创造性的新思想、新观点、新论断，将中国特色社会主义改革理论和改革实践推进到新的广度和深度。

——始终旗帜鲜明，牢牢把握改革的方向、立场和原则，确保改革开放事业行稳致远。

2015 年 6 月，一份关于在深化国有企业改革中坚持党的领导加强党的建设的若干意见稿被摆上中南海的议事案头。

国企改革是经济体制改革的重头戏。习近平总书记一语定调："要坚持党的建设与国有企业改革同步谋划、党的组织及工作机构同步设置”“坚持党对国有企业的领导是重大政治原则，必须一以贯之；建立现代企业制度是国有企业改革的方向，也必须一以贯之”。

把准改革方向、尺度、节奏，制定“1+N”政策体系，党对国企国资的领导力掌控力大为增强，现代企业制度加快建设，活力效率显著提升。

改革愈进愈深、愈行愈艰，必须熟稔水性、把稳船舵，决不能在根本问题上出现颠覆性错误。

正如习近平总书记所指出：“我们的改革开放是有方向、有立场、有原则的。我们当然要高举改革旗帜，但我们的改革是在中国特色社会主义道路上不断前进的改革，既不走封闭僵化的老路，也不走改旗易帜的邪路。”

思之深，行之笃。

坚持守正创新，改革无论怎么改，坚持党的全面领导、坚持马克思主义、坚持中国特色社会主义道路、坚持人民民主专政等根本的东西绝对不能动摇，同时要敢于创新，把该改的、能改的改好、改到位，看准了就坚定不移抓。

——善用辩证法，做到改革与法治相统一、改革与开放相促进。

2024 年 6 月 28 日，十四届全国人大常委会第十次会议表决通过农村集体经济组织法，对保障农村集体产权制度改革成果，促进新型农村集体经济高质量发展、维护和发展农民群众利益、推进乡村全面振兴具有重要意义。

习近平总书记指出，“在整个改革过程中，都要高度重视运用法治思维和法治方式，发挥法治的引领和推动作用”。

准确把握改革与法治的辩证关系，以“鸟之两翼、车之两轮”为喻，要求在法治下推进改革，在改革中完善法治，重大改革于法有据、及时把改革成果上升为法律制度，改革和法治同步推进，增强改革的穿透力；

深刻揭示改革和开放的内在统一，坚持以开放促改革、促发展，实行更加积极主动的开放战略，建设更高水平开放型经济新体制，不断拓展发展新空间；

处理好经济和社会、政府和市场、效率和公平、活力和秩序、发展和安全等重大关系……

审大小而图之，酌缓急而布之。敏锐而有力的思想杠杆，不断撬动历史车轮，推动时代进程。

——注重方法论，切实推动各项改革举措相互促进、协同配合、相得益彰。

2015 年 9 月 3 日，首都北京，纪念中国人民抗日战争暨世界反法西斯战争胜利 70 周年大会隆重举行，天安门广场举行盛大阅兵仪式，铁流奔涌、战鹰呼啸。

“我宣布，中国将裁减军队员额 30 万。”习近平总书记发出新时代国防和军队改革的出征号令。

习近平总书记指出，能打仗、打胜仗方面存在的问题就是最大的短板、最大的弱项，有的甚至可以说是致命的。令人揪心！不改革，军队是打不了仗、打不了胜仗的。

撤销七大军区、调整划设五大战区，正风肃纪反腐力克管理松懈、作风松散、纪律松弛现象……变革重塑后的人民军队，格局、面貌焕然一新。

改革，是弄潮儿的历史自觉，也是直面问题的政治勇气。习近平总书记强调，改革攻坚要有正确方法，坚持创新思维，要跟着问题走、奔着问题去。

党的十八大以来，72 次中央深改领导小组和中央深改委会议，几乎每次都要求突出问题导向、聚焦重大问题。

瞄准“审者不判、判者不审”顽疾推进司法体制改革，力克“机关化、行政化、贵族化、娱乐化”倾向加大群团改革，破除“印章围墙”乱象深化行政审批制度改革……疏堵点除痛点，改革不断为发展增动力、添活力。

全面深化改革，新在全面，难在深化。如何防止和克服改革各行其是、相互掣肘？

习近平总书记明确指出：“零敲碎打调整不行，碎片化修补也不行，必须是全面的系统的改革和改进，是各领域改革和改进的联动和集成”。

2021 年 10 月 12 日，中国宣布设立三江源、大熊猫、东北虎豹等第一批国家公园，彻底改变过去“山一块、水一块、林一块、草一块”的碎片化管理，破除“九龙治水”困局。

更加注重系统集成，以全局观念和系统思维谋划推进，全面深化改

★ 在三江源国家公园黄河源园区拍摄的扎陵湖风光（2022 年 3 月 12 日摄）。（新华社记者吕雪莉摄）

革整体效应加快显现。

改革重在落实，也难在落实。推动改革落地见效，被摆在更加突出的位置。

强调“抓铁有痕、踏石留印”“一抓到底”，提出“要以钉钉子精神抓改革落实，既要积极主动，更要扎实稳健”……在习近平总书记亲自领导指挥下，当年勾勒的改革蓝图，已化作大潮奔涌、千帆竞发的壮美实践。

——践行价值观，始终做到改革为了人民、改革依靠人民、改革成果由人民共享。

新时代波澜壮阔的改革进程背后，“人民”是逻辑起点，也是价值旨归。

2021 年 3 月 23 日，福建省三明市沙县总医院。

在此考察的习近平总书记，向市民张丽萍询问陪母亲看病的费用情况。得知 1.3 万元花费中报销了 8000 多元，总书记十分欣慰。

“人民至上、生命至上应该是全党全社会必须牢牢树立的一个理念。”习近平总书记强调，“看大病在本省解决，一般的病在市县解决，日常的头疼脑热在乡村解决。这个工作要在‘十四五’期间起步。”

习近平总书记多次提出，老百姓关心什么、期盼什么，改革就要抓住什么、推进什么。

从农村“厕所革命”到城市垃圾分类，从防治“小眼镜”到推进清洁取暖，一件件民生“小事”融入国家发展顶层设计，成为改革发力点、落脚点，人民群众获得感、幸福感、安全感不断提升。

为了人民而改革，改革才有意义；依靠人民而改革，改革才有动力。

尊重人民群众首创精神，注重总结推广农村综合改革、“最多跑一次”、新时代“枫桥经验”等基层经验……全面深化改革充分调动各方面积极性、主动性、创造性，凝聚起持续向前的磅礴力量。

历史的长河奔流不息，思想的波涛卷起巨澜。

坚持党的领导，坚持中国特色社会主义道路，坚持开拓创新，坚持以人民为中心推进改革，坚持问题导向，坚持解放思想，坚持在法治轨道上深化改革，坚持科学方法论，坚持以开放促改革促发展，坚持以党的自我革命引领伟大社会革命……

善于运用战略思维、辩证思维、系统思维、创新思维、历史思维、法治思维、底线思维，抓“总开关”、啃“硬骨头”、牵“牛鼻子”、下“先手棋”、打“主动仗”、破“中梗阻”……

习近平总书记关于全面深化改革的一系列新思想、新观点、新论断，不断引领中国改革发展开辟新境界。

风生水起逐浪高——新时代全面深化改革范围、规模、力度世所罕见，所推动的改革是全方位、深层次、根本性的，取得的成就是历史性、革命性、开创性的

2023 年 4 月 21 日，北京中南海，习近平总书记主持召开二十届中央全面深化改革委员会第一次会议。会议全面回顾党的十八大以来全面深化改革的历史进程，深刻指出：

“新时代 10 年，我们推动的改革是全方位、深层次、根本性的，取得的成就是历史性、革命性、开创性的。”

十多年砥砺奋进，绘出一个民族向上生长的脉络，见证新时代迈向更广阔天地的伟大变革。

时间回到 2012 年。

这一年，中国经济增速新世纪以来首次回落至 8% 以下，环境污染

频发、粗放发展难以为继等“发展起来以后的问题”避无可避。

同年12月，习近平总书记来到广东考察，在广州主持召开经济工作座谈会。会上，总书记道出改革的紧迫性：“加快推进经济结构战略性调整是大势所趋，刻不容缓。”

回京后不到一周，中央经济工作会议上，习近平总书记又强调：“不能不顾客观条件、违背规律盲目追求高速度。”

从判断我国经济发展处在“三期叠加”阶段、提出“新常态”，到部署供给侧结构性改革，再到作出“我国经济已由高速增长阶段转向高质量发展阶段”的重大判断……

习近平总书记敏锐把握发展之变，以改革引领新时代中国经济变革。

“质量变革”——“三去一降一补”深入推进，助推传统产业转型升级、新兴产业蓬勃发展，高端装备制造、智能制造等多个领域取得新突破，新旧动能加速转换；

“效率变革”——行政审批制度改革、要素市场化改革等牢牢抓住处理好政府和市场关系这个核心问题，使市场在资源配置中的决定性作用更为显著；

“动力变革”——从“破四唯”“立新标”，以“揭榜挂帅”“赛马制”支持科学家大胆探索，到坚持科技创新和体制机制创新“双轮驱动”，创新活力不断迸发、科技新成果层出不穷；

……

党的十八届三中全会以来，全面深化改革锚定发展这个第一要务，不断开辟新空间、提供新动能、创造新条件，中国经济在高质量发展的轨道上行稳致远。

对于人民群众来说，全面深化改革意味着什么？

对于家住山东烟台的独居老人杨布昭来说，是一段安心温暖的晚年生活——得益于基本养老服务清单制度的建立健全，像他一样的独居、空巢、留守等特殊困难老年人可以享受到探访关爱、健康管理等多项基本养老服务；

对于在广州工作的刘建雄来说，是一张沉甸甸的居住证——得益于在广东率先开始的居住证制度改革，从“暂”到“居”的一字之变，数以千万计像刘建雄一样的流动人员也能享受到住房、社保、医疗、子女入学等多项公共服务；

对于西藏雅尼湿地管护员白玛乔来说，是绿绿的草、清清的水——得益于生态保护红线划定和湿地公园建设推进，当地的砂石厂关闭了，村民们的环保意识越来越强，湿地的秀美风光逐渐恢复；

……

“我们推进改革的根本目的，是要让国家变得更加富强、让社会变得更加公平正义、让人民生活得更加美好。”这是新时代中国共产党人的拳拳赤子之心，也是新时代全面深化改革的成绩单。

以改革促脱贫攻坚，建立精准扶贫、精准脱贫机制，创造了 8 年间让近 1 亿农村贫困人口脱贫的伟大奇迹，在中华大地上全面建成了小康社会；

以改革解急难愁盼，取消实行多年的药品和耗材加成，建立集采制度，医药卫生体制改革下大力气啃“硬骨头”，破解群众看病难、看病贵难题；

以改革护社会公平，从努力让每个孩子都享有公平而有质量的教育，到建成世界上规模最大的社会保障体系，生动诠释“让人民生活幸福是‘国之大者’”；

以改革汇民智民意，发展全过程人民民主，让群众智慧广泛纳入决策程序，“小院议事厅”“居民智囊团”等议事平台让人民当家作主落地落实；

……

党的十八届三中全会以来，2000多个改革方案，大写的“人”字贯穿始终，书写着人民至上的新篇章。

相比过去，新时代改革开放具有许多新的内涵和特点，其中很重要的一点就是制度建设分量更重。

到2023年11月中旬，全国31个省（区、市）和新疆生产建设兵团市县一级监察官等级首次确定工作全面完成。这标志着自2022年起推进的全国监察官等级首次确定工作圆满收官，国家监察体制改革迈出重要一步。

从监察法通过施行，到国家和省、市、县四级监察委员会组建完成，再到公职人员政务处分法等配套法规制定出台……国家监察体制改革从试点到全面推开，实现从监督“狭义政府”到“广义政府”的转变，改革形成的制度优势逐步转化为治理效能。

完善和发展中国特色社会主义制度、推进国家治理体系和治理能力现代化，这是全面深化改革的总目标。

抓住“关键点”。文化体制改革确立和坚持马克思主义在意识形态领域指导地位的根本制度，健全用党的创新理论武装全党、教育人民、指导实践工作体系，不断健全现代文化产业体系、市场体系和公共文化服务体系，全民族文化创新创造活力大大激发；

避免“碎片化”。生态文明体制改革摒弃旧有思路，组建自然资源部、生态环境部，建立实施中央环保督察、河湖长制，出台“史上最严”环保法，以一系列系统集成的举措使美丽中国蔚为大观；

善打“组合拳”。行政体制改革以加快转变政府职能为突破口，大幅削减行政审批事项，全面取消非行政许可审批，全面推行权力清单、责任清单、负面清单制度，营造良好营商环境，更好发挥政府管理服务作用；

……

党的十八届三中全会作出全面深化改革的顶层设计，党的十八届四中全会部署全面依法治国，党的十九届四中全会作出 13 方面制度安排。

全面深化改革始终突出制度建设这条主线，不断健全制度框架，筑牢根本制度、完善基本制度、创新重要制度，构建起制度建设的“四梁八柱”。

改革和开放相辅相成、相互促进。

2023 年 9 月，我国首个自贸试验区——上海自贸试验区迎来 10 周岁生日。

★ 2023 年 11 月 11 日，在中国（新疆）自由贸易试验区喀什片区揭牌仪式现场，首批入驻自贸片区的经营主体获颁营业执照。（新华社记者丁磊摄）

一个多月后，我国第22个自贸试验区——新疆自贸试验区揭牌成立，成为西北沿边地区首个自贸试验区。

一东一西，从沿海到内陆的两个自贸试验区遥相呼应，见证着中国开放的大门越开越大。

仅2023年一年，我国自贸试验区合计进出口就达7.67万亿元，占我国进出口总值的18.4%。

扩大开放之门，走稳改革之路。

实施外商投资法，修订扩大鼓励外商投资产业目录，持续缩减外资准入负面清单，吸引和利用外资力度不断加大，中国开放的“磁力”日益增强；

从200多份共建“一带一路”合作文件，到广交会、进博会、服贸会、消博会等组成的“展会矩阵”，中国开放的“舞台”越来越大；

对世界经济增长贡献率超过30%，制造业增加值占全球比重约30%，出口全球占比保持约14%的较高水平，是全球140多个国家和地区的主要贸易伙伴，中国开放的“分量”越来越重；

……

党的十八届三中全会以来，开放新机制加快建设，规则、规制、管理、标准等制度型开放稳步推进，中国正以开放的姿态拥抱世界，为全球经济发展注入强大动能。

时间是最客观的见证者。

党的十八届三中全会公报公布时，曾有外媒预测：全会让中国向前迈出关键一步，加速推动这个国家30多年前开始的改革开放事业。

十多年后，中国没有令人失望，全面深化改革取得的历史性、革命性、开创性成就让我们信心满怀：

放眼世界，没有哪个国家和政党，能在这么短时间内推动这么大范围、这么大规模、这么大力度的改革，也没有哪个国家和政党，能在改革进程中实现这样的历史性变革、系统性重塑、整体性重构。

扬帆破浪再启航——紧扣党和国家中心任务进一步全面深化改革，进一步解放思想、解放和发展社会生产力、解放和增强社会活力，为中国式现代化提供强大动力和制度保障

回望40多年改革开放史，每逢党的三中全会，党中央都会研究改革开放重大问题；每到国家发展关键时期，人们都会对新的改革开放政策寄予厚望。

党的二十届三中全会召开在即，全社会翘首以盼，全世界聚焦中国。

“党的二十大之后，我一直在思考进一步全面深化改革问题。”习近平总书记念兹在兹。

党的二十大，开启了以中国式现代化全面推进强国建设、民族复兴伟业的新征程。

站在新起点，发展面临新的困难挑战：

向外看，百年变局加速演进，地缘政治形势严峻；向内看，经济持续回升向好仍面临挑战，关键核心技术“卡脖子”问题尚未根本解决；向未来，新一轮科技浪潮扑面而来，大国博弈和竞争空前激烈……

站在新起点，改革到了新的重要时期：

推动高质量发展，需要通过改革让新质生产力活力迸发；构建新发展格局，需要通过改革畅通经济循环；实现全体人民共同富裕，需要通过改革更好解决发展不平衡不充分的问题；参与全球竞争，需要以改革促创新，赢得发展主动权……

新的历史关头，需要新的思考谋划。

在广东考察提出“坚定不移全面深化改革扩大高水平对外开放”；在上海强调“要在更高起点上全面深化改革开放”；在江西要求“打造内陆地区改革开放高地”……

在中央政治局会议等多个场合强调改革开放是党和人民事业“大踏步赶上时代的重要法宝”；在全国两会上要求“必须坚定不移深化改革开放、深入转变发展方式”；在中央深改委会议上明确“要把全面深化改革作为推进中国式现代化的根本动力”……

党的二十大以来，习近平总书记利用各种方式深入调查研究，思考进一步全面深化改革重大问题；在多个重要场合，阐明对进一步全面深化改革的重要考量。

2024 年 5 月 23 日，习近平总书记在山东济南主持召开企业和专家座谈会。

在听取大家的发言后，总书记发表重要讲话，从“紧扣改革主题”“突出改革重点”“把牢价值取向”“讲求方式方法”四个方面，就如何擘画进一步全面深化改革的宏伟蓝图作出战略指引。

——进一步全面深化改革，必须进一步解放思想、解放和发展社会生产力、解放和增强社会活力。

理念一变天地宽。推进中国式现代化，是一项前无古人的开创性事业，必须开阔视野、打开格局。

解放思想是前提，是解放和发展社会生产力、解放和增强社会活力的总开关。解放和发展社会生产力、解放和增强社会活力，是解放思想的必然结果，也是解放思想的重要基础。

从中国版图看，漫长的东部海岸线宛如一张蓄力已久的长弓，长三角正是箭镞，既是发展的排头，也是改革的前沿。

“率先形成更高层次改革开放新格局”，2023 年 11 月 30 日，习近平总书记主持召开深入推进长三角一体化发展座谈会并发表重要讲话，对长三角提出更高要求，强调“在中国式现代化中走在前列”。

凝聚改革共识，激发社会活力，将为新征程上推进中国式现代化注入源源动力。

——进一步全面深化改革，必须更加注重系统集成，更加注重突出重点，更加注重改革实效。

全面深化改革是一场深刻而全面的社会变革，也是一项复杂的系统工程，必须坚持科学的方法论。

南海之滨，海南自由贸易港进入封关运作攻坚期。今年 6 月 1 日，海南自贸港建设全面实施迎来 4 周年。4 年前，《海南自由贸易港建设总体方案》发布，制度集成创新被摆在突出位置。

集成，意味着什么？一件专利授权，从过去的 600 天至 1000 天缩短到了 50 天至 90 天。

这得益于三亚崖州湾科技城推行专利、商标、版权、地理标志、植物新品种权等知识产权“五合一”综合管理体制改革，推动知识产权保护由“散”向“合”。

改革，不仅要系统集成、协同发力，更要抓住关键、精准发力。进一步全面深化改革，必须牵住“牛鼻子”。

总书记深刻指出，“要抓住主要矛盾和矛盾的主要方面”“推进经济体制改革要从现实需要出发，从最紧迫的事情抓起”，为进一步全面深化改革指明主攻方向。

系统集成、突出重点，归根结底是为了提升改革的实效性。

春耕备耕时节，2024 年 3 月 19 日，习近平总书记来到湖南常德市鼎城区谢家铺镇。种粮大户戴宏告诉总书记，去年种田纯收入 55 万多元，政府还补贴了 7 万多元。总书记听了十分高兴：“种粮户不能吃亏，

★ 2024 年 3 月 19 日，在湖南省常德市鼎城区谢家铺镇港中坪村，村民驾驶农机翻耕田地（无人机照片）。（新华社记者陈思汗摄）

有钱赚，才有种粮积极性。”

2 个多月后的 6 月 11 日，习近平总书记在京主持召开中央深改委第五次会议，审议通过重要文件，健全种粮农民收益保障机制和粮食主产区利益补偿机制。

改革有破有立，得其法则事半功倍。三个“更加注重”，蕴含着进一步全面深化改革的方法论。

——进一步全面深化改革，必须推动生产关系和生产力、上层建筑和经济基础、国家治理和社会发展更好相适应。

改革，就是调整生产关系中不适应生产力发展要求的部分，调整上层建筑中不适应经济基础的部分。

“今年是全面深化改革又一个重要年份”，总书记明确要求，“改革味要浓、成色要足”。

平稳通过斜坡和楼梯，可以轻快奔跑，遇到磕绊能够敏捷调整……今年4月，我国自主研发的通用人形机器人“天工”首次亮相。

发展新质生产力，正引导中国开启以创新和科技进步赋能经济发展的变革之旅。

2023年，习近平总书记在地方考察中提出“加快形成新质生产力”，此后在多个场合作出系统阐释和重大部署。

发展新质生产力，既是发展命题，也是改革命题。关键是通过进一步全面深化改革，让各类先进优质生产要素向发展新质生产力顺畅流动。

党的二十大之后，中央深改委先后召开五次会议，审议通过了改革土地管理制度、加快形成支持全面创新的基础制度等多项重大改革方案，指向的正是生产关系和上层建筑的优化调整。

“社会基本矛盾总是不断发展的，所以调整生产关系、完善上层建筑需要相应地不断进行下去。”习近平总书记科学阐明“改革开放只有进行时、没有完成时”的深刻道理。

走过千山万水，仍需跋山涉水。

46年前，党的十一届三中全会是划时代的。

11年前，党的十八届三中全会是划时代的。

而今迈步从头越。以进一步全面深化改革开辟中国式现代化广阔前景，即将召开的党的二十届三中全会必将成为中国改革开放又一座标注时代的里程碑。

（新华社北京2024年7月14日电　新华社记者张晓松、朱基钗、黄玥、姜琳、陈炜伟、孙少龙）

新征程上的一份纲领性文件

——党的二十届三中全会侧记

山一程、水一程。当时间来到 2024 年的 7 月，人们再一次深刻感知改革激荡的磅礴之力。

进一步全面深化改革、推进中国式现代化，这是在北京举行的中国共产党第二十届中央委员会第三次全体会议研究的问题。

会期 4 天，15 日上午拉开帷幕。

在热烈的掌声中，习近平总书记和中央政治局其他领导同志步入会场。

二十届中央委员、候补中央委员出席会议，中央纪律检查委员会常务委员会委员和有关方面负责同志，以及党的二十大代表中部分基层同志和专家学者列席会议。

全会听取和讨论了习近平总书记受中央政治局委托所作的工作报告，审议通过了《中共中央关于进一步全面深化改革、推进中国式现代化的决定》。习近平总书记就《决定（讨论稿）》向全会作了说明。

此刻，距离“划时代”的党的十一届三中全会，已过去46年；距离“划时代”的党的十八届三中全会也有 10 年多时间了。

回望，走过不凡历程；远眺，充满梦想荣光；而脚下，是历史的新方位："当前和今后一个时期是以中国式现代化全面推进强国建设、民族复兴伟业的关键时期。"

关键时期，如何迈出这关键一步？

"中国式现代化是在改革开放中不断推进的，也必将在改革开放中开辟广阔前景。"习近平总书记作出"必须自觉把改革摆在更加突出位置"的庄严宣告。

此次全会，紧紧围绕推进中国式现代化、落实党的二十大战略部署来谋划进一步全面深化改革。审议通过的《决定》覆盖推进中国式现代化方方面面，构筑了全景图，被人们称为"新时代新征程上推动全面深化改革向广度和深度进军的总动员、总部署"，"是指导新征程上进一步全面深化改革的纲领性文件"。

历史性的大事件，总要放在历史的长镜头下去把握；民族复兴的大时代，更要从矢志复兴、接续奋斗的漫长岁月中去观察。向时间深处望去，能更清晰洞见这次全会，是如何在百年未有之大变局下，去回答中国之问、世界之问、人民之问、时代之问。

实践续篇，时代新篇
"对新时代新征程举什么旗、走什么路的再宣示"

中国正大踏步向前。尽管国际环境复杂严峻，国内改革发展稳定任务艰巨繁重，但从二十届二中全会举行的 2023 年 2 月到今天，成绩单沉甸甸的。

习近平总书记受中央政治局委托作工作报告，既有理论的创新，也有实践的拓展。平实的陈述下，是新征程上一段风雨兼程的生动写照。

分组讨论中，与会同志从这段历程，回顾党的二十大以来的万千气象，再论及新时代以来取得的历史性成就、发生的历史性变革，大家一致认为："成绩的取得，根本在于习近平总书记作为党中央的核心、全党的核心领航掌舵，在于习近平新时代中国特色社会主义思想科学指引。"

思想的指引，于何去何从的历史关头，如灯塔，如星辰。

1978 年，印刻下国家命运的历史转折点，"开启了中国式现代化的新长征"。

一路风雨一路歌。新时代，将改革继续推向前进。2013 年，划时代的党的十八届三中全会，"开启了新时代全面深化改革、系统整体设计推进改革新征程，开创了我国改革开放全新局面"。

这 10 年多里，千难万险、千辛万苦，改革再难也要向前推进。因为人们坚信，"再高的山、再长的路，只要我们锲而不舍前进，就有达到目的的那一天"。

会场内，习近平总书记就《决定（讨论稿）》向全会作说明。说明凝练深刻、提纲挈领，明晰了为什么改、往哪里改、怎么改等一系列重大理论和实践问题，字里行间是"将改革进行到底"的勇气与决心。

从"全面深化改革"到"进一步全面深化改革"，路，越走越坚定。"进一步"，蕴含着历史的再接续、时代的新图景，需较真碰硬的闯劲，也需久久为功的韧劲。

"这既是党的十八届三中全会以来全面深化改革的实践续篇，也是新征程推进中国式现代化的时代新篇。"早在今年 2 月，中央全面深化改革委员会第四次会议，就为这次全会作了标注。

这一次，为何将主题紧扣中国式现代化？

党中央经过了深思熟虑。习近平总书记在《决定（讨论稿）》的说明中给出答案："围绕党的中心任务谋划和部署改革，是党领导改革

★ 货轮停靠在浙江宁波舟山港梅山港区码头（2024 年 1 月 24 日摄，无人机照片）。（新华社记者黄宗治摄）

开放的成功经验。”

以中国式现代化全面推进中华民族伟大复兴，在党的二十大报告中被定义为“中国共产党的中心任务”。这是一次创造人类文明新形态的中国探索，是一场基于新时代特征的接续奋斗，是一条充满实干兴邦精神的奋进之路，何其艰巨又何其伟大。

绘蓝图、定目标、明方向。新征程上，我们靠什么进一步凝心聚力，就是要靠中国式现代化。而进一步全面深化改革，破藩篱、激活力、迎挑战，为的是“为中国式现代化提供强大动力和制度保障”，锚定的是到 2035 年“基本实现社会主义现代化”。

“我们要赶上时代，这是改革要达到的目的。”赶上时代的只争朝夕，决定了中国改革的现代化指向。全会以“四个迫切需要”，阐明党中央作出这一重大决定的深刻考量：

“这是凝聚人心、汇聚力量，实现新时代新征程党的中心任务的迫切需要”；“这是完善和发展中国特色社会主义制度、推进国家治理体系和治理能力现代化的迫切需要”；“这是推动高质量发展、更好适应我国社会主要矛盾变化的迫切需要”；“这是应对重大风险挑战、推动党和国家事业行稳致远的迫切需要”。

伟大变革，蕴含思想伟力。

为期4天的全会，安排了多场分组讨论。中央领导同志深入各小组听取意见建议，不时和大家交流探讨。与会同志踊跃发言，结合工作实际积极研讨，反复推敲文件。他们表示，《决定》是闪耀着马克思主义真理光辉的政治宣言书，是新征程上将改革进行到底的动员令，是进一步全面深化改革的路线图。

统揽全局，求真务实
“改革味要浓、成色要足”

“党的二十大之后，我一直在思考进一步全面深化改革问题。”博大精深的新思想、波澜壮阔的新征程，是改革理念创新、实践创新的沃土。全会文件起草自2023年隆冬之时，延续到2024年的盛夏时节，历时7个多月。

习近平总书记亲自担任文件起草组组长，全程擘画、组织调研、精心指导、把脉定向。

作说明时，总书记回顾了文件起草的过程。

“2023年11月，中央政治局决定，成立党的二十届三中全会文件起草组”；“这次全会文件起草，把发扬民主、集思广益贯穿全过程”……

一份饱含人民期待、汇聚全党智慧、凝结着起草组心血的改革方案，此刻，摆在与会同志的面前。

翻开《决定（讨论稿）》，除引言和结束语外，共 15 个部分，分为三大板块。“内容条目通篇排序，开列 60 条”。正所谓句句是改革，字字有力度，生动契合了“改革味要浓、成色要足”的要求。

《决定》通篇还贯穿开放的要求。开放是中国式现代化的鲜明标识。改革和开放紧密相连，相互促进。

习近平总书记对内容摆布作了说明，概括为“五个注重”：

“注重发挥经济体制改革牵引作用”；“注重构建支持全面创新体制机制”；“注重全面改革”；“注重统筹发展和安全”；“注重加强党对改革的领导”。

“这些特点聚焦具有方向性、全局性、战略性的重大问题”，与会同志表示，“从中读出了风起云涌的改革形势，读出了系统科学的改革韬略，读出了直击问题的改革导向。”

何为全面改革？习近平总书记在作说明时强调，决定稿在统筹推进“五位一体”总体布局、协调推进“四个全面”战略布局框架下谋划进一步全面深化改革，统筹部署经济体制改革和其他各领域改革。

新时代的改革从一开始就非简单的修修补补、零敲碎打。“全面深化改革是一项复杂的系统工程”，“必须是全面的系统的改革和改进，是各领域改革和改进的联动和集成”。

与会同志从另一个角度诠释了“全面”的深意：“党中央反复强调，要反对形式主义，推进改革一定要求真务实、务求实效。《决定》包括经济、政治、文化、社会、生态文明和党的建设等各领域改革，共提出 300 多项重要改革举措，几乎每一句话都涉及一项改革举措。”

★ 2024 年 7 月 26 日，中车株机公司工作人员在总成车间组装大功率电力机车。（新华社记者李鑫摄）

“五个注重”之一，是“注重发挥经济体制改革牵引作用”。有与会同志表示，《决定》对经济体制改革的部署力度大、举措实、含金量高，体现了对生产关系和生产力、上层建筑和经济基础、国家治理和社会发展关系的深刻把握。

改革越是千头万绪，越是要牵住这个“牛鼻子”。正如全会指出的，深化经济体制改革仍是进一步全面深化改革的重点。

事业发展出题目，深化改革做文章。新时代的题目之一是推动高质量发展的问题。《决定》在深化经济体制改革方面，将“健全推动经济高质量发展体制机制”列为主要任务之一。而高质量发展的部分，又将“健全因地制宜发展新质生产力体制机制”单列一个章节。

“什么是新质生产力、如何发展新质生产力？我一直在思考”。今年 1 月，在主持二十届中央政治局第十一次集体学习时，习近平总书记讲述了他的思考和谋划。

《决定》中，既有“新”的培育：加强新领域新赛道制度供给，建立未来产业投资增长机制，也有“旧”的改造：以国家标准提升引领传统产业优化升级。因地制宜发展新质生产力的辩证思维贯穿其间。

“五个注重”里还有一条，“注重构建支持全面创新体制机制”。

全会提出，统筹推进教育科技人才体制机制一体改革，健全新型举国体制，提升国家创新体系整体效能。这引发了与会同志的广泛关注和赞誉。

教育、科技、人才是中国式现代化的基础性、战略性支撑。党的二十大报告把教育、科技、人才放在一起独立成章。这次《决定》进一步创新思路，势必带来制度架构、组织方式、评价体系等诸多领域协同变革。而之所以打破藩篱、统筹推进，正是为了破解现代化进程中的堵点难点。

教育、科技、人才错位的问题，推动科技创新和产业创新深度融合的问题，营造更有竞争力的科研生态的问题……相关领域的与会同志感慨：“有什么问题碰什么问题，有什么堵点就疏什么堵点。我们的改革有胆识、有气魄，很务实！”

登高望远，脚踏实地

“把进一步全面深化改革的战略部署转化为推进中国式现代化的强大力量”

新的起点，新的部署，新的出发。

改革推进到今天，在改革顶层设计方面，我们已经有了比较清晰的大盘子。今后一个时期，要将主要精力集中到整体推进、督促落实上。

18 日下午，人民大会堂，第二次全体会议在这里举行。

在习近平总书记主持下，会议以举手表决的方式审议通过了《中共中央关于进一步全面深化改革、推进中国式现代化的决定》。

“通过！”习近平总书记郑重宣布。会场响起了热烈的掌声。

“学习好贯彻好全会精神是当前和今后一个时期全党全国的一项重大政治任务。”总书记在随后的重要讲话中为下一步指明方向，“要深入学习领会全会精神，深刻领会和把握进一步全面深化改革的主题、重大原则、重大举措、根本保证。”

领会和把握这四个要点，有纲举目张之效。

“主题”，推进中国式现代化。

“重大原则”，也就是“六个坚持”原则，凝结着对改革开放历史经验的总结：“坚持党的全面领导、坚持以人民为中心、坚持守正创新、坚持以制度建设为主线、坚持全面依法治国、坚持系统观念”。“善于从纷繁复杂的矛盾中把握规律”是行之有效的方法论。

“重大举措”，锚定关键领域，凸显改革锐度。

★ 深圳前海深港现代服务业合作区（2021 年 9 月 8 日摄，无人机全景照片）。（新华社记者毛思倩摄）

《决定》强调了“七个聚焦”：“聚焦构建高水平社会主义市场经济体制”，“聚焦发展全过程人民民主”，“聚焦建设社会主义文化强国”，“聚焦提高人民生活品质”，“聚焦建设美丽中国”，“聚焦建设更高水平平安中国”，“聚焦提高党的领导水平和长期执政能力”。

“根本保证”，是党的领导。

办好中国的事情关键在党。进一步全面深化改革这段路，注定有暗礁险滩；走好这段路，注定要有披荆斩棘的勇气、勇往直前的魄力、雷厉风行的作风。与会同志一致认为，“两个确立”是党和人民应对一切不确定性的最大确定性、最大底气、最大保证。

习近平总书记曾经指出：“无论改什么、改到哪一步，都要坚持党的领导”。《决定》专门用一个部分来部署党的领导和党的建设制度改革，在总结经验、阐述意义、提出原则、部署举措中，都把党的领导和党的建设作为重要内容。

除沉疴，从矛盾最突出的地方改起；破藩篱，从群众最期盼的领域改起。这样的优先序，创造了实实在在的获得感。

“改革开放是亿万人民自己的事业”，正如总书记强调的：“为了人民而改革，改革才有意义”。

《决定》字句间，饱含着深厚的人民情怀。促进城乡共同繁荣发展，加强人民当家作主制度建设，完善收入分配制度，完善就业优先政策，健全社会保障体系，深化医药卫生体制改革，健全人口发展支持和服务体系，健全生态环境治理体系……民心所向，大道无垠。

“进一步全面深化改革的总目标是继续完善和发展中国特色社会主义制度，推进国家治理体系和治理能力现代化。”

“到二〇二九年中华人民共和国成立八十周年时，完成本决定提出的改革任务。”

习近平总书记语气坚定地说：“全党上下要齐心协力抓好《决定》贯彻落实，把进一步全面深化改革的战略部署转化为推进中国式现代化的强大力量。”

从“全面深化改革”到“进一步全面深化改革”，进一步全面深化改革总目标增加“继续”二字……山高路远步履坚定，激流险滩中奋楫向前。

改革，是万众一心的伟大事业。与会同志一致认为，要把思想和行动统一到党中央决策部署上来，深刻领悟“两个确立”的决定性意义，坚决做到“两个维护”，以钉钉子精神抓好改革落实，汇聚形成推进中国式现代化的澎湃动力。

当代中国最显著的特征、最壮丽的气象，正徐徐铺展新的图景。秉承数千年革故鼎新的精神气韵，积淀了数十年变革求新的风范气质，今天的中国，站在进一步全面深化改革的历史新起点上，一条通向复兴的中国式现代化之路从脚下伸向远方……

（新华社北京 2024 年 7 月 19 日电　人民日报记者杜尚泽、邝西曦　新华社记者张晓松、朱基钗）

以进一步全面深化改革开辟中国式现代化广阔前景

——一论学习贯彻党的二十届三中全会精神

中国共产党第二十届中央委员会第三次全体会议在圆满完成各项议程后胜利闭幕。这次全会是在新时代新征程上，中国共产党坚定不移高举改革开放旗帜，紧紧围绕推进中国式现代化进一步全面深化改革而召开的一次十分重要的会议。

全会听取和讨论了习近平总书记受中央政治局委托所作的工作报告，充分肯定党的二十届二中全会以来中央政治局的工作，高度评价新时代以来全面深化改革的成功实践和伟大成就。全会审议通过的《中共中央关于进一步全面深化改革、推进中国式现代化的决定》，深入分析推进中国式现代化面临的新情况新问题，对进一步全面深化改革作出系统谋划和部署，既是党的十八届三中全会以来全面深化改革的实践续篇，也是新征程推进中国式现代化的时代新篇，是我们党历史上又一重要纲领性文献，充分体现了以习近平同志为核心的党中央完善和发展中国特色社会主义制度、推进国家治理体系和治理能力现代化的历史主动，以进一步全面深化改革开辟中国式现代化广阔前景的坚强决心，具有重大的理论意义、实践意义和时代意义。学习好贯彻好党的二十届三中全会精神，是当前和今后一个时期全党全国的一项

重大政治任务。

改革开放是党和人民事业大踏步赶上时代的重要法宝，是当代中国最显著的特征、最壮丽的气象。党的十八大以来，以习近平同志为核心的党中央以伟大的历史主动、巨大的政治勇气、强烈的责任担当，团结带领全党全军全国各族人民，冲破思想观念束缚，突破利益固化藩篱，敢于突进深水区，敢于啃硬骨头，敢于涉险滩，坚决破除各方面体制机制弊端，实现改革由局部探索、破冰突围到系统集成、全面深化的转变，各领域基础性制度框架基本建立，为全面建成小康社会、实现党的第一个百年奋斗目标提供了有力制度保障，推动我国迈上全面建设社会主义现代化国家新征程。这些历史性成就的取得，根本在于习近平总书记作为党中央的核心、全党的核心领航掌舵，在于习近平新时代中国特色社会主义思想科学指引。

党的二十大擘画了全面建设社会主义现代化国家的宏伟蓝图，确立了以中国式现代化全面推进强国建设、民族复兴伟业的中心任务。推进中国式现代化是前无古人的事业，还有许多未知领域，需要我们在实践中去大胆探索，通过改革开放来推动事业发展。当前和今后一个时期是以中国式现代化全面推进强国建设、民族复兴伟业的关键时期。面对纷繁复杂的国际国内形势，面对新一轮科技革命和产业变革，面对人民群众新期待，必须自觉把改革摆在更加突出位置，把全面深化改革作为推进中国式现代化的根本动力，在新征程上谱写改革开放新篇章。

党的二十届三中全会通过的《决定》明确了进一步全面深化改革的指导思想、主题、总目标、重大原则、根本保证，提出300多项重要改革举措，对进一步全面深化改革作出系统部署。新征程上，要全面贯彻习近平新时代中国特色社会主义思想，深入学习贯彻习近平总书记关于全面深化改革的一系列新思想、新观点、新论断，总结和运用改革开放以来特别是新时代全面深化改革的宝贵经验，贯彻“六个坚持”的重大原则，以经济体制改革为牵引，以促进社会公平正义、增进人民福祉为出发点和落脚点，更加注重系统集成，更加注重突出重点，更加注重改革实效，推动生产关系和生产力、上层建筑和经济基础、国家治理和社会发展更好相适应，为中国式现代化提供强大动力和制度保障。

党的领导是进一步全面深化改革、推进中国式现代化的根本保证。打铁必须自身硬。新征程上，保持以党的自我革命引领社会革命的高度自觉，坚持用改革精神和严的标准管党治党，完善党的自我革命制度规范体系，不断推进党的自我净化、自我完善、自我革新、自我提高，才能确保党始终成为中国特色社会主义事业的坚强领导核心。要坚持党中央对进一步全面深化改革的集中统一领导，把党的领导贯穿改革各方面全过程，深化党的建设制度改革，深入推进党风廉政建设和反腐败斗争，以钉钉子精神抓好改革落实，把进一步全面深化改革的战略部署转化为推进中国式现代化的强大力量。

乘历史大势，走人间正道。中国式现代化是在改革开放中不断推进的，也必将在改革开放中开辟广阔前景。让我们更加紧密地团结在以习近平同志为核心的党中央周围，深入学习领会和贯彻落实全会精神，把思想和行动统一到党中央的决策部署上来，凝心聚力、奋发进取，为全面建成社会主义现代化强国、实现第二个百年奋斗目标，以中国式现代化全面推进中华民族伟大复兴而努力奋斗！

（新华社北京 2024 年 7 月 19 日电　新华社评论员）

深刻把握进一步全面深化改革的主题

——二论学习贯彻党的二十届三中全会精神

党的二十届三中全会强调，必须自觉把改革摆在更加突出位置，紧紧围绕推进中国式现代化进一步全面深化改革。学习贯彻全会精神，要深刻领会和把握进一步全面深化改革的主题，把进一步全面深化改革的战略部署转化为推进中国式现代化的强大力量，在扎实奋斗中把中国式现代化的宏伟蓝图逐渐变成美好现实。

围绕党的中心任务谋划和部署改革，是党领导改革开放的成功经验。1978 年，党的十一届三中全会确定把全党工作的着重点转移到社会主义现代化建设上来，开启了改革开放和社会主义现代化建设历史新时期。坚持四项基本原则，坚持改革开放，我们党团结带领人民锐意进取、开拓创新，仅用几十年的时间就走完了工业化历程，成功走出了中国式现代化道路。党的十八大以来，我们党在新中国成立特别是改革开放以来长期探索和实践基础上，成功推进和拓展了中国式现代化，推动党和国家事业取得历史性成就、发生历史性变革。党的二十大擘画了全面建设社会主义现代化国家的宏伟蓝图，确立了以中国式现代化全面推进强国建设、民族复兴伟业的中心任务。推进中国式现代化，是新征程上凝聚全党全国人民智慧和力量的旗帜，也必然是进一步全面深化改革的主题。

发展出题目，改革做文章。中国式现代化是一项伟大而艰巨的事业，面临许多复杂矛盾和问题，必须克服种种困难和阻力，需要通过进一步全面深化改革，破藩篱、激活力、迎挑战，推动生产关系和生产力、上层建筑和经济基础、国家治理和社会发展更好相适应。这是凝聚人心、汇聚力量，实现新时代新征程党的中心任务的迫切需要；是完善和发展中国特色社会主义制度、推进国家治理体系和治理能力现代化的迫切需要；是推动高质量发展、更好适应我国社会主要矛盾变化的迫切需要；是应对重大风险挑战、推动党和国家事业行稳致远的迫切需要。新征程上，只有牢牢把握推进中国式现代化这个主题，把全面深化改革作为推进中国式现代化的根本动力，作为稳大局、应变局、开新局的重要抓手，把准方向、守正创新、真抓实干，才能为中国式现代化注入强劲动力、提供有力制度保障。

党的二十届三中全会统筹国内国际两个大局，紧紧围绕推进中国式现代化，对进一步全面深化改革作出系统部署。构建高水平社会主义市场经济体制、完善中国特色社会主义法治体系为中国式现代化提供重要保障，锚定全面建设社会主义现代化国家的首要任务健全推动经济高质量发展体制机制，构建支持全面创新体制机制为中国式现代化提供基础性、战略性支撑，完善高水平对外开放体制机制进一步擦亮中国式现代化的鲜明标识，健全全过程人民民主制度体系彰显中国式现代化的本质要求，深化文化体制机制改革推动建设物质文明和精神文明相协调的现代化，健全保障和改善民生制度体系不断满足人民对美好生活的向往，深化生态文明体制改革推动建设人与自然和谐共生的现代化，推进国家安全体系和能力现代化夯实中国式现代化行稳致远的重要基础……一系列部署涵盖中国式现代化建设的方方面面，抓住了党和国家事业发展的核心和关键，是大势所趋、人心所向，对以中国式现代化全面推进强国建设、民族复兴伟业具有重大而深远的意义。

改革开放是干出来的，中国式现代化是干出来的。新征程上，更加紧密地团结在以习近平同志为核心的党中央周围，深入学习贯彻党的二十届三中全会精神，紧扣推进中国式现代化主题，以钉钉子精神抓好改革落实，一锤接着一锤敲，一茬接着一茬干，我们就一定能谱写改革开放新篇章，创造中国式现代化新辉煌。

（新华社北京 2024 年 7 月 21 日电　新华社评论员）

深刻把握进一步全面深化改革的总目标

——三论学习贯彻党的二十届三中全会精神

党的二十届三中全会站在新的历史起点上，明确了进一步全面深化改革的总目标是继续完善和发展中国特色社会主义制度，推进国家治理体系和治理能力现代化。这一总目标既同党的十八届三中全会提出的全面深化改革总目标一脉相承，又同党的二十大作出的战略部署相衔接，为进一步全面深化改革明确了目标导向，汇聚起团结奋斗的磅礴力量。

制度稳则国家稳，制度强则国家强。党的十八大以来，以习近平同志为核心的党中央以巨大的政治勇气和智慧，深刻把握改革规律，总结改革开放宝贵经验，创造性提出全面深化改革总目标是“完善和发展中国特色社会主义制度，推进国家治理体系和治理能力现代化”。锚定这个总目标，全面深化改革突出制度建设这条主线，通过改革完善各方面制度，推动中国特色社会主义制度更加成熟更加定型，国家治理体系和治理能力现代化水平明显提高，为全面建成小康社会提供了有力制度保障。实践充分证明，以坚持和完善中国特色社会主义制度、推进国家治理体系和治理能力现代化为主轴，深刻把握我国发展要求和时代潮流，把制度建设和治理能力建设摆到更加突出的位置，方能确保改革开放事业蹄疾步稳向前推进，让中国特色社会主义事业不断焕发新的生机活力。

行之力则知愈进，知之深则行愈达。完善中国特色社会主义制度是一个动态过程，必然随着实践发展而不断发展，已有制度需要不断健全，新领域新实践需要推进制度创新、填补制度空白。当前和今后一个时期，是以中国式现代化全面推进强国建设、民族复兴伟业的关键时期。推进中国式现代化是一项全新的事业，前进道路上必然会遇到各种矛盾和风险挑战。特别是当前世界百年未有之大变局加速演进，局部冲突和动荡频发，全球性问题加剧，来自外部的打压遏制不断升级，我国发展进入战略机遇和风险挑战并存、不确定难预料因素增多的时期。有效应对这些风险挑战，在日趋激烈的国际竞争中赢得战略主动，需要我们进一步全面深化改革，用完善的制度防范化解风险、有效应对挑战，在危机中育新机、于变局中开新局。面对新的形势和任务，必须进一步全面深化改革，继续完善各方面制度机制，固根基、扬优势、补短板、强弱项，不断把我国制度优势更好转化为国家治理效能，牢牢把握发展主动和历史主动。

“若网在纲，有条而不紊。”党的二十届三中全会明确进一步全面深化改革总目标，锚定到2035年要实现的改革目标：全面建成高水平社会主义市场经济体制，中国特色社会主义制度更加完善，基本实现国家治理体系和治理能力现代化，基本实现社会主义现代化，为到本世纪中叶全面建成社会主义现代化强国奠定坚实基础。实现进一步全面深化改革的目标任务，要聚焦构建高水平社会主义市场经济体制，聚焦发展全过程人民民主，聚焦建设社会主义文化强国，聚焦提高人民生活品质，聚焦建设美丽中国，聚焦建设更高水平平安中国，聚焦提高党的领导水平和长期执政能力，继续把改革推向前进，为中国式现代化提供强大动力和制度保障。

目标指引方向，奋斗开创未来。在强国建设、民族复兴的新征程上，让我们紧紧围绕进一步全面深化改革的总目标，保持战略定力，弘扬实干精神，把准方向、守正创新、久久为功，把进一步全面深化改革的战略部署落到实处，共同谱写推进中国式现代化的时代新篇。

（新华社北京 2024 年 7 月 22 日电　新华社评论员）

始终坚持进一步全面深化改革的重大原则

——四论学习贯彻党的二十届三中全会精神

党的二十届三中全会强调，进一步全面深化改革要贯彻坚持党的全面领导、坚持以人民为中心、坚持守正创新、坚持以制度建设为主线、坚持全面依法治国、坚持系统观念等原则。“六个坚持”的重大原则对于进一步全面深化改革具有重大指导意义，必须长期坚持，认真贯彻落实。

党的十八届三中全会以来，习近平总书记以伟大的历史主动、巨大的政治勇气、强烈的责任担当，亲自谋划、亲自部署、亲自推动全面深化改革，改革实现由局部探索、破冰突围到系统集成、全面深化的历史性转变，推动党和国家各项事业取得历史性成就、发生历史性变革，中华民族伟大复兴进入不可逆转的历史进程。成绩来之不易，经验弥足珍贵。“六个坚持”的重大原则，是对改革开放以来特别是新时代全面深化改革宝贵经验的科学总结，集中体现了习近平总书记关于全面深化改革重要论述的核心要义。

坚持党的全面领导指明了改革的根本保证，坚持以人民为中心揭示了改革的价值取向，坚持守正创新体现了改革的重要思想方法，坚持以制度建设为主线突出了制度的关键作用，坚持全面依法治国明确了改革的重要保障，坚持系统观念彰显了改革的科学思维和方法。“六个坚持”相辅相成、相得益彰，构成一个逻辑严密、辩证统一的有机整体，进一步深化了对改革规律的认识，既是“过去我们为什么能够成功”的深刻总结，更是“未来我们怎样才能继续成功”的行动指南，为我们在新征程上进一步全面深化改革提供了科学指引。

改革有破有立，得其法则事半功倍。进一步全面深化改革，必须坚持好运用好“六个坚持”的重大原则，不断以改革开放新作为赢得优势、赢得主动、赢得未来，打开事业发展新天地，开创中国式现代化新境界。

坚持党的全面领导，就是要坚定维护以习近平同志为核心的党中央权威和集中统一领导，发挥党总揽全局、协调各方的领导核心作用，把党的领导贯穿改革各方面全过程，确保改革始终沿着正确政治方向前进；坚持以人民为中心，就是要尊重人民主体地位和首创精神，人民有所呼、改革有所应，做到改革为了人民、改革依靠人民、改革成果由人民共享；坚持守正创新，就是要坚持中国特色社会主义不动摇，紧跟时代步伐，顺应实践发展，突出问题导向，在新的起点上推进理论创新、实践创新、制度创新、文化创新以及其他各方面创新；坚持以制度建设为主线，就是要加强顶层设计、总体谋划，破立并举、先立后破，筑牢根本制度，完善基本制度，创新重要制度；坚持全面依法治国，就是要在法治轨道上深化改革、推进中国式现代化，做到改革和法治相统一，重大改革于法有据、及时把改革成果上升为法律制度；坚持系统观念，就是要处理好经济和社会、政府和市场、效率和公平、活力和秩序、发展和安全等重大关系，增强改革系统性、整体性、协同性。

循道而行，功成事遂。深刻领会“六个坚持”重大原则的丰富内涵、精髓要义、实践要求，将其不折不扣贯彻到进一步全面深化改革的各领域各环节全过程，脚踏实地、真抓实干，我们定能推动改革开放事业行稳致远，在全面建设社会主义现代化国家新征程上创造新的更大奇迹。

（新华社北京 2024 年 7 月 23 日电　新华社评论员）

以经济体制改革为牵引推动高质量发展

——五论学习贯彻党的二十届三中全会精神

党的二十届三中全会坚持以经济体制改革为牵引，全面部署各领域各方面的改革。学习贯彻全会精神，要深刻理解深化经济体制改革仍是进一步全面深化改革的重点，充分发挥经济体制改革牵引作用，更好地推动高质量发展、推进中国式现代化建设。

在全面深化改革中，以习近平同志为核心的党中央坚持以经济体制改革为主轴，在重要领域和关键环节改革上不断取得新突破，以此牵引和带动其他领域改革，推动改革呈现全面发力、多点突破、纵深推进的新局面。实践充分证明，经济基础决定上层建筑。经济体制改革对其他方面改革具有重要影响和传导作用，重大经济体制改革的进度决定着其他方面很多体制改革的进度，具有牵一发而动全身的作用。

当前，我国发展进入战略机遇和风险挑战并存、不确定难预料因素增多的时期，推动高质量发展面临的突出问题依然是发展不平衡不充分，还有许多卡点瓶颈需要破解。面对发展中的问题，必须进一步全面深化改革，从体制机制上推动解决。拎衣要拎衣领子，牵牛要牵牛鼻子。改革发展稳定的任务越是艰巨繁重，面临的问题和矛盾越是纷繁复杂，就越要坚持重点突破，发挥好经济体制改革的牵引作用，为其他领域改革提供强大动力、创造更好条件。党的二十届三中全会着眼于新形势新任务，就深化经济体制改革作出系统部署，体现了对生产关系和生产力、上层建筑和经济基础、国家治理和社会发展关系的深刻把握，为我们推动进一步全面深化改革走深走实指明了前进方向。

处理好政府和市场的关系，是经济体制改革的核心问题。深化经济体制改革要围绕处理好这个核心问题，把构建高水平社会主义市场经济体制摆在突出位置，充分发挥市场在资源配置中的决定性作用，更好发挥政府作用。从坚持和落实“两个毫不动摇”，促进各种所有制经济优势互补、共同发展，到构建全国统一大市场，再到完善市场经济基础制度，全会的一系列部署力度大、举措实、含金量高。更好发挥市场机制作用，创造更加公平、更有活力的市场环境，实现资源配置效率最优化和效益最大化，既“放得活”又“管得住”，才能更好维护市场秩序、弥补市场失灵，畅通国民经济循环，让全社会的创造活力竞相迸发、创新源泉充分涌流。

坚持高质量发展是新时代的硬道理。深化经济体制改革，要紧紧围绕高质量发展这个全面建设社会主义现代化国家的首要任务来进行。健全推动经济高质量发展体制机制、构建支持全面创新体制机制、健全宏观经济治理体系、完善城乡融合发展体制机制、完善高水平对外开放体制机制……全会作出的一系列重大部署涵盖高质量发展的方方面面，释放了以进一步全面深化改革推动高质量发展的明确信号。立足发展新阶段，坚持以新发展理念引领改革，通过进一步全面深化改革为高质量发展提供制度保障、夯实战略支撑、注入强劲动力，就能不断开辟发展新领域新赛道、塑造发展新动能新优势，始终把握发展主动权。

改革一子落，发展满盘活。在进一步全面深化改革的壮阔实践中，牢牢牵住经济体制改革这个“牛鼻子”，打好关键之战，以重点突破带动改革整体推进，我们就一定能穿越激流险滩、跨越层峦叠嶂，迈向高质量发展新境界，开创中国式现代化新局面。

（新华社北京 2024 年 7 月 24 日电　新华社评论员）

以开放促改革，书写中国同世界合作共赢新篇章

——六论学习贯彻党的二十届三中全会精神

开放是中国式现代化的鲜明标识。党的二十届三中全会强调，必须坚持对外开放基本国策，坚持以开放促改革，依托我国超大规模市场优势，在扩大国际合作中提升开放能力，建设更高水平开放型经济新体制。全会作出的一系列部署，释放出进一步扩大高水平对外开放的明确信号，展现了新时代中国与世界合作共赢、共同发展的坚定决心。

改革和开放相辅相成，以开放促改革、促发展是中国改革发展的成功实践。党的十八大以来，以习近平同志为核心的党中央统筹国内国际两个大局，坚定不移扩大对外开放，实行更加积极主动的开放战略。从设立22个自贸试验区、建设海南自由贸易港，到力推《区域全面经济伙伴关系协定》签署生效；从不断缩减外资准入负面清单，到放宽电信、医疗等服务行业准入；从推进高质量共建“一带一路”，到搭建进博会、服贸会、消博会等国际经贸合作平台……中国开放的大门越开越大，不仅让中国的发展惠及国际社会，也让看好中国发展前景成为世界的普遍共识。

鉴往事，知来者。站在新的历史起点上，我们更加深刻认识到：改革和开放相互促进，改革必然要求开放，开放也必然要求改革。推进

高水平对外开放，是根据我国改革发展客观需要作出的自主选择，也是把握发展规律、顺应时代潮流的必然之举。坚持以开放促改革、促发展、促创新，我们才能更好地把握机遇、应对挑战，在日趋激烈的国际竞争中赢得主动、赢得优势、赢得未来，更有力地推进中国式现代化建设。

改革不停顿，开放不止步。每一轮改革总是伴随着新一轮开放，更深层次的开放总能推动改革向纵深迈进。扩大开放是进一步全面深化改革的重要动力。从稳步扩大制度型开放，到深化外贸体制改革；从深化外商投资和对外投资管理体制改革，到优化区域开放布局，再到完善推进高质量共建“一带一路”机制，全会着眼于完善高水平对外开放体制机制作出系统部署，有利于加快制度建设、法规建设，改善营商环境和创新环境，不断拓展对外开放的深度和广度，塑造更高水平开放型经济新优势，为经济高质量发展注入新动力、增添新活力、开辟新空间。

开放带来进步，合作才能共赢。改革开放是中国与世界的双向奔赴，中国的发展也是世界的机遇。中国式现代化的出发点和落脚点是让 14 亿多中国人民过上更加美好的生活。对世界来说，这意味着更加广阔的市场和前所未有的发展机遇，也将为世界现代化注入强大动力。新征程上，在改革开放中不断推进中国式现代化，谱写开放合作、互利共赢的新篇章，中国人民必将同世界各国人民携手前行、共谋发展，共同开创人类更加美好的未来。

（新华社北京 2024 年 7 月 25 日电　新华社评论员）

坚持以人民为中心的改革价值取向

——七论学习贯彻党的二十届三中全会精神

党的二十届三中全会强调进一步全面深化改革以促进社会公平正义、增进人民福祉为出发点和落脚点，把“坚持以人民为中心”作为进一步全面深化改革必须贯彻的重大原则之一。这充分体现了中国共产党为中国人民谋幸福、为中华民族谋复兴的初心和使命，凸显了进一步全面深化改革的价值取向。

我们党抓改革、促发展，归根到底就是为了让人民过上更好的日子。党的十八大以来，以习近平同志为核心的党中央坚持以人民为中心的发展思想，抓住人民群众最关心最直接最现实的利益问题推进重点领域改革，推动解决人民群众急难愁盼问题。户籍制度改革让 1.4 亿农业转移人口落户城镇，加快完善住房保障体系建设让 1.4 亿多群众喜圆安居梦，个人所得税改革惠及 2.5 亿人，建成世界上规模最大的教育体系、社会保障体系、医疗卫生体系，人民生活全方位改善……实践深刻昭示，人民有所呼、改革有所应，做到改革为了人民、改革依靠人民、改革成果由人民共享，改革开放事业才能底气坚实、动力强劲、前景光明，不断造福亿万中国人民。

当前，我国社会主要矛盾已经转化为人民日益增长的美好生活需要和不平衡不充分的发展之间的矛盾，推动高质量发展面临的突出问题依然是发展不平衡不充分，城乡区域发展和收入分配差距仍然较大，民生保障等方面仍存在短板。老百姓关心什么、期盼什么，改革就要抓住什么、推进什么。进一步全面深化改革，必须坚持以人民为中心，面对人民群众新期待，着力解决突出问题，更好地促进社会公平正义，持续增进人民福祉。

中国式现代化，民生为大。在发展中保障和改善民生是中国式现代化的重大任务。党的二十届三中全会坚持人民至上，从人民整体利益、根本利益、长远利益出发谋划和推进改革，聚焦提高人民生活品质，就完善收入分配制度、完善就业优先政策、健全社会保障体系、深化医药卫生体制改革、健全人口发展支持和服务体系等作出一系列重要部署。学习贯彻全会精神，必须按照全会作出的部署狠抓落实、务求实效，多推出一些民生所急、民心所向的改革举措，多办一些惠民生、暖民心、顺民意的实事，把改革方案的含金量充分展示出来，让人民群众有更多获得感、幸福感、安全感。

为了人民而改革，改革才有意义；依靠人民而改革，改革才有动力。人民是历史的创造者，是推动改革开放的主体力量。改革开放在认识和实践上的每一次突破和深化，改革开放中每一个新生事物的产生和发展，改革开放每一个领域和环节经验的创造和积累，无不来自亿万人民的智慧和实践。改革是亿万人民自己的事业。进一步全面深化改革，必须充分尊重人民主体地位和首创精神，走好新时代党的群众路线，把加强顶层设计和坚持问计于民统一起来，不断激发人民群众参与改革、推动改革的积极性、主动性、创造性，共同为改革想招，一起为改革发力。

让人民生活幸福是“国之大者”，也是改革开放事业的奋斗目标。

新征程上，始终坚持以人民为中心的改革价值取向，让改革发展成果更好更公平惠及全体人民，不断满足人民对美好生活的向往，我们就一定能汇聚起进一步全面深化改革、推进中国式现代化的磅礴力量，创造无愧时代、不负人民的新业绩。

（新华社北京 2024 年 7 月 26 日电　新华社评论员）

把党的领导贯穿改革各方面全过程

——八论学习贯彻党的二十届三中全会精神

党的二十届三中全会把“坚持党的全面领导”摆在进一步全面深化改革必须贯彻的重大原则首位，聚焦提高党的领导水平和长期执政能力，就加强党的领导和党的建设、推进全面从严治党等作出部署安排。这充分体现了我们党以党的自我革命引领社会革命的高度自觉、用改革精神和严的标准管党治党的坚强决心，必将确保进一步全面深化改革、中国式现代化建设行稳致远。

办好中国的事情，关键在党。党的十八大以来，在以习近平同志为核心的党中央坚强领导下，自上而下形成党领导改革工作体制机制，对全面深化改革作出一系列重大战略部署，有效应对重大风险挑战、克服艰难险阻，解决了许多长期想解决而没有解决的难题，办成了许多过去想办而没有办成的大事，推动党和国家事业取得历史性成就、发生历史性变革。实践启示我们，坚持党的全面领导是改革开放以来特别是新时代全面深化改革取得成功的宝贵经验，也是进一步全面深化改革、推进中国式现代化的根本保证。前进道路上，必须深刻领悟“两个确立”的决定性意义，增强“四个意识”、坚定“四个自信”、做到“两个维护”，不断推进党的自我净化、自我完善、自我革新、自我提高，深入推进新时代党的建设新的伟大工程，确保党始终成为中国特色社会主义事业的坚强领导核心。

事在四方，要在中央。坚持党的全面领导，首先要坚持党中央集中统一领导。进一步全面深化改革，必须坚定维护以习近平同志为核心的党中央权威和集中统一领导，发挥党总揽全局、协调各方的领导核心作用，把党的领导贯穿改革各方面全过程，确保改革始终沿着正确政治方向前进。完善党中央重大决策部署落实机制，确保党中央令行禁止。要自觉在大局下行动，确保党中央关于进一步全面深化改革的各项决策部署不折不扣地落到实处，确保取得实效。要谋划推进本地区本部门改革，结合实际开拓创新，创造可复制、可推广的新鲜经验。要走好新时代党的群众路线，把社会期盼、群众智慧、专家意见、基层经验充分吸收到改革设计中来，围绕解决突出矛盾设置改革议题，优化重点改革方案生成机制，完善改革激励和舆论引导机制，营造良好改革氛围。

"欲筑室者，先治其基。"深化党的建设制度改革既是进一步全面深化改革的重要内容，也是重要保证。党的二十届三中全会强调以调动全党抓改革、促发展的积极性、主动性、创造性为着力点，就深化党的建设制度改革作出了一系列部署。建立健全以学铸魂、以学增智、以学正风、以学促干长效机制，深化干部人事制度改革，增强党组织政治功能和组织功能，完善党员教育管理、作用发挥机制……扭住关键环节，抓住重点任务，通过改革不断完善党的建设制度机制，就能有力推动各级党组织和广大党员、干部争做改革发展的促进派和实干家，带动全社会更深刻地理解改革、支持改革、参与改革，为推进中国式现代化注入强劲动力。

打铁必须自身硬。改革越是深入推进，就越要深入推进党风廉政建设和反腐败斗争，持之以恒推进全面从严治党，把我们党建设得更加坚强有力。要根据全会的部署和要求，健全政治监督具体化、精准化、常态化机制，健全防治形式主义、官僚主义制度机制，健全为基层减负长效机制，健全不正之风和腐败问题同查同治机制，完善党和国家监督体系，坚决清除一切损害党的先进性和纯洁性的因素，清除一切侵蚀党的健康肌体的病毒，不断增强党的创造力、凝聚力、战斗力。

一分部署，九分落实。进一步全面深化改革、推进中国式现代化的蓝图已经绘就。让我们在以习近平同志为核心的党中央坚强领导下，在习近平新时代中国特色社会主义思想科学指引下，求真务实、敢作善为，以钉钉子精神抓好改革落实，一茬接着一茬干，一张蓝图绘到底，把进一步全面深化改革推向前进，不断谱写强国建设、民族复兴伟业的新篇章。

（新华社北京 2024 年 7 月 27 日电　新华社评论员）

第二部分

新蓝图　新部署
推动改革向广度和深度进军

当前，广大干部群众以各种形式深入学习贯彻党的二十届三中全会精神，畅谈新时代党和国家事业取得的伟大成就，认真领悟党的二十届三中全会提出的目标任务和战略部署，结合实践谋划落实措施。大家一致表示，此次全会在新的历史起点上，紧紧围绕党的中心任务谋划和推进改革，系统擘画了进一步全面深化改革、推进中国式现代化的宏伟蓝图。要坚决把思想和行动统一到以习近平同志为核心的党中央决策部署上来，深入学习贯彻全会精神，把进一步全面深化改革的战略部署转化为推进中国式现代化的强大力量。

扫码观看

《创意视频 | 见证》

把握历史主动，在新征程上继续把改革推向前进

——与会同志谈党的二十届三中全会精神

党的二十届三中全会7月15日至18日在北京举行。会议审议通过了《中共中央关于进一步全面深化改革、推进中国式现代化的决定》。

会议期间，部分与会同志接受新华社记者采访，围绕全会精神畅谈理解体会。

大家一致表示，全会紧紧围绕推进中国式现代化这个主题谋划和部署改革，书写了继续把改革推向前进的时代新篇，是巩固发展“两大奇迹”的主动抉择和战略之举。要更加紧密地团结在以习近平同志为核心的党中央周围，深入学习贯彻全会精神，凝心聚力、奋发进取，以进一步全面深化改革开辟中国式现代化广阔前景。

改革开放是党和人民事业大踏步赶上时代的重要法宝，是当代中国最显著的特征、最壮丽的气象。

中央委员、浙江省委书记易炼红表示，党的十八大以来，以习近平同志为核心的党中央以前所未有的决心和巨大的政治勇气推进全面深化改革，许多领域实现历史性变革、系统性重塑、整体性重构。一系列历史性伟大成就的取得，根本在于习近平总书记作为党中央的核心、全党的核心领航掌舵，根本在于习近平新时代中国特色社会主

义思想科学指引。踏上新征程，党的二十届三中全会构建了进一步全面深化改革、推进中国式现代化的“四梁八柱”，绘就了气势恢宏而又清晰具体的改革画卷。

易炼红说，党的十一届三中全会揭开了我国波澜壮阔的改革开放序幕；党的十八届三中全会引领我们进入了全面深化改革的新时代；党的二十届三中全会具有重大而深远的政治意义、理论意义、战略意义、世界意义和实践意义，是我们党历史上新的里程碑。

乘历史大势而上，走人间正道致远。中国式现代化是在改革开放中不断推进的，也必将在改革开放中开辟广阔前景。

中央委员、中央财办分管日常工作的副主任韩文秀表示，我们推进改革，都是围绕党和国家的中心工作来展开的。新征程上进一步全面深化改革，就是要用改革的办法来解决推进中国式现代化进程中的问题，特别是要坚决克服体制机制方面的障碍。

“进一步全面深化改革涉及方方面面，改革越是千头万绪，越要发挥好经济体制改革的牵引作用，牵住经济体制改革这个‘牛鼻子’推动其他领域改革。”韩文秀说，要加快构建高水平社会主义市场经

★ 2024 年 7 月 2 日拍摄的山东港口日照港集装箱码头（无人机照片）。（新华社记者郭绪雷摄）

济体制，充分激发微观主体活力，坚持和落实“两个毫不动摇”，促进各种所有制经济优势互补、共同发展，完善中国特色现代企业制度，加快建设更多世界一流企业。要优化市场环境，统一规范市场竞争规则，促进公平竞争，加快构建全国统一大市场，完善市场经济基础制度，既要“放得活”，又要“管得住”。

改革是发展的动力，高质量发展是全面建设社会主义现代化国家的首要任务。

中央委员、国家发展改革委主任郑栅洁说：“全会对经济体制改革作出全面部署。我们将坚决抓好具体工作的贯彻落实，坚持宏观着眼、微观着手，切实把全会重大改革部署转化为推动高质量发展的实际成效。”

郑栅洁表示，要构建高水平社会主义市场经济体制，让市场在资源配置中充分发力，让政府在弥补市场失灵方面精准发力；要健全推动经济高质量发展体制机制，既要加快培育发展新质生产力，也要通过改革加快形成与之相适应的生产关系；要健全宏观经济治理体系，充分发挥国家发展规划的战略导向作用，健全预期管理机制和宏观政策取向一致性评估机制，推进财政、货币、产业、价格、就业等宏观政策协同发力；要建设更高水平开放型经济新体制，稳步扩大制度型开放，进一步完善市场化法治化国际化一流营商环境。

惟改革者进，惟创新者强，惟改革创新者胜。

中央委员、科技部部长阴和俊认为，这次全会深刻洞察世界之变、时代之变、历史之变，明确教育、科技、人才是中国式现代化的基础性、战略性支撑，提出构建支持全面创新体制机制，这是迎接新一轮科技革命和产业变革、加快建设科技强国的必然选择，是发展新质生产力、实现高质量发展的必然选择，是提升国家竞争力、应对外部风险挑战的必然选择。

★ 2024年7月5日，在上海举行的2024世界人工智能大会上，一家人工智能公司推出的“具身智能本体”跳舞机器人，吸引观众前来参观。（新华社记者黄晓勇摄）

“我们要不断完善科技创新组织方式和治理体系，加快健全新型举国体制，统筹推进教育科技人才体制机制一体改革，加强科技创新全链条部署、全领域布局，破解原始创新能力相对薄弱、一些关键核心技术受制于人等突出问题，加快实现高水平科技自立自强，为推进强国建设、民族复兴伟业提供有力支撑。”阴和俊说。

中央委员、广东省省长王伟中说：“去年4月，习近平总书记在广东考察时，明确要求推进创新链产业链资金链人才链深度融合，不断提高科技成果转化和产业化水平。此次全会又将构建支持全面创新体制机制摆在重要位置。落实总书记殷殷嘱托和全会精神，广东责无旁贷。”

王伟中表示，广东将把构建全过程创新链作为构建支持全面创新体制机制的重大抓手，围绕“从0到1”的原始创新持续加大基础研究投入，下大力气推动“从1到10”的创新成果转化和“从10到100”的产业化，布局一批概念验证中心和中试平台，更大力度提升创新效能，因地制宜发展新质生产力，推动广东科技和产业创新优势在新的高度立起来强起来。

开放与改革从来都是相伴而生、相互促进。开放是中国式现代化的鲜明标识。

中央委员、商务部部长王文涛说，此次全会进一步强调必须坚持对外开放基本国策，完善高水平对外开放体制机制，这体现了党中央对开放工作的高度重视，彰显了我国坚定不移扩大开放的决心。

王文涛表示，要坚持以开放促改革，聚焦制度型开放，对接国际高标准经贸规则，在自贸试验区等先行先试，实现规则、规制、管理、标准相通相融，释放新的开放红利。

“我们要进一步擦亮‘投资中国’品牌，做好负面清单的‘减法’、营商环境的‘加法’，让中国大市场成为全球创新活动的‘强磁场’。

深化产业链供应链国际合作，推动建设开放型世界经济。”王文涛说。

安全和发展是一体之两翼、驱动之双轮。国家安全是中国式现代化行稳致远的重要基础。

中央委员、东部战区政委刘青松表示，人民军队是国家安全的坚强后盾，在推进中国式现代化进程中，要充分发挥军事力量在塑造态势、管控危机、遏制战争、打赢战争方面的战略功能，以更强大的能力、更可靠的手段为进一步全面深化改革提供安全保障和战略支撑。

此次全会将持续深化国防和军队改革纳入改革整体布局。

“东部方向地处经济社会改革最前沿，也是改革强军重要试验场，我们将积极融入党和国家改革进程，按照国防和军队改革规划，持续深化联合作战体系改革和战斗力生成模式创新，以有力举措推动改革强军战略各项工作落地落实，为实现建军一百年奋斗目标、建设世界一流军队注入强大动能。”刘青松说。

中国式现代化，民生为大。全面深化改革，人民至上。

仔细研读全会决定，深入学习全会精神，列席代表、新疆乌鲁木齐市柯坪路北社区党委书记热孜万古丽·沙吾提深切感受到进一步全面深化改革的民生温度。

“这些年，一系列改革举措，让我们看病更方便了、养老更安心了，一串串老百姓的‘幸福清单’也是改革的‘成效清单’。”热孜万古丽·沙吾提说，回到工作岗位上，她将第一时间组织社区党员干部认真学习全会精神，从人民群众的急难愁盼中找到基层改革工作的发力点、突破点，从便民服务的一件件小事抓起，不断提高居民群众获得感、幸福感、安全感。

（新华社北京2024年7月18日电 新华社记者朱基钗、高蕾、张研）

锐意改革进取，开辟中国式现代化广阔前景

——与会同志谈党的二十届三中全会精神

党的二十届三中全会7月15日至18日在北京举行。

会议期间，部分与会同志围绕学习领会全会精神接受新华社记者采访。大家一致表示，此次全会在新的历史起点上，紧紧围绕党的中心任务谋划和推进改革，系统擘画了进一步全面深化改革、推进中国式现代化的宏伟蓝图。要坚决把思想和行动统一到以习近平同志为核心的党中央决策部署上来，深入学习贯彻全会精神，把进一步全面深化改革的战略部署转化为推进中国式现代化的强大力量。

党的二十届三中全会具有继往开来的重要意义——既是党的十八届三中全会以来全面深化改革的实践续篇，也是新征程推进中国式现代化的时代新篇。

中央委员、黑龙江省委书记许勤表示，党的二十届三中全会是在以中国式现代化全面推进强国建设、民族复兴伟业的关键时期和我国进一步全面深化改革的重要时点，召开的一次具有重大意义的会议，是我国改革开放历程中又一个重要里程碑，发出了新时代新征程进一步全面深化改革的动员令。

许勤说：“在新时代波澜壮阔的改革开放历程中，我们党积累了全

面深化改革的宝贵经验，这次全会概括为‘六个坚持’，这‘六个坚持’既是对改革开放事业发展规律的经验总结，也是对未来进一步全面深化改革的原则指引，充分体现了习近平新时代中国特色社会主义思想的世界观、方法论和贯穿其中的立场观点方法，我们必须学习好领会好、坚持好贯彻好，不断开创全面深化改革新局面。”

新时代以来，以习近平同志为核心的党中央以巨大的政治勇气和智慧，把中国特色社会主义改革理论和改革实践推进到新的广度和深度。如今，改革的思想基础、实践基础、制度基础、民心基础更加坚实。

中央委员、海军政委袁华智表示，全面深化改革之所以取得历史性伟大成就，根本在于习近平总书记领航掌舵，根本在于习近平新时代中国特色社会主义思想科学指引。

“全面深化改革是具有划时代意义的系统工程，改革越往前走，遇到的困难就越多、挑战就越大。唯有坚持党的领导、加强党的建设，才能保证改革不变道、不跑偏。作为新时代国防和军队改革的亲历者和实践者，我们要始终坚定拥护‘两个确立’、坚决做到‘两个维护’，始终坚定听党话、跟党走，始终保持敢打必胜、勇往直前的战斗作风，在改革强军之路上奋勇前行，不断夺取国防和军队现代化新胜利。”袁华智说。

全会提出，必须坚持对外开放基本国策，坚持以开放促改革，依托我国超大规模市场优势，在扩大国际合作中提升开放能力，建设更高水平开放型经济新体制。

“过去 40 多年来，改革开放的生动实践不仅让我们大踏步赶上了时代，而且有力推动了世界经济稳定发展。展望未来，我们也必须依靠改革开放这个法宝推动中国式现代化事业不断行稳致远。”中央委员、天津市市长张工说。

★ 2024 年 7 月 3 日，一艘集装箱货轮停靠在天津港“智慧零碳”码头（无人机照片）。（新华社记者赵子硕摄）

张工表示，天津是最早的沿海开放城市之一，拥有天津港北方国际航运枢纽的资源优势，也拥有滨海国家级新区、综合保税区、自贸区等政策创新和产业空间承载优势，同时具有相对富集的产业基础和创新资源。要牢记总书记到天津考察时提出的在进一步全面深化改革开放上善作善成重要指示要求，抓住京津冀协同发展重大战略机遇，在新一轮开放发展中、在构建新发展格局中贡献天津力量。

面对纷繁复杂的国际国内形势，面对新一轮科技革命和产业变革，面对人民群众新期待，全会坚持目标导向和问题导向相结合，对进一步全面深化改革做出系统部署，把以改革推进科技创新摆在突出位置。

中央委员、湖南省委书记沈晓明表示，教育、科技、人才是中国式现代化的基础性、战略性支撑，三者密不可分。党的二十大报告首次把科教兴国、人才强国、创新驱动发展三大战略放在一起集中论述、系统部署，党的二十届三中全会就统筹推进教育科技人才体制机制一体改革、构建支持全面创新体制机制提出了明确要求。

沈晓明说："对湖南来讲，这具有非常鲜明的现实针对性和指导性。湖南是中部内陆省份，习近平总书记赋予湖南打造'三个高地'的使命任务，也就是国家重要先进制造业高地、具有核心竞争力的科技创新高地、内陆地区改革开放高地。加快构建支持全面创新体制机制，对于实现创新驱动发展、加快打造'三个高地'意义重大。"

全会提出健全新型举国体制，提升国家创新体系整体效能。列席全会的中国载人航天工程空间站系统总设计师、中国工程院院士杨宏对此深有感触。作为一名从事航天科技事业的代表，他表示只有坚持独立自主，坚持高水平科技自立自强，发挥新型举国体制优势，载人航天工程才能实现跨越式高质量发展。

杨宏说："当前，我们由研制阶段'保成功'转为运营阶段'保安全'，在此基础上，利用独特的太空资源，充分发挥中国空间站国家太空实验室的作用，开展大规模多学科空间科学实验和空间技术试验。要让载人航天发挥更大的科学价值和经济价值，以科技创新促高质量发展，为加快航天强国建设、推进中国式现代化作出航天人新的更大贡献。"

中国式现代化是中国共产党领导的社会主义现代化，党的领导是进一步全面深化改革、推进中国式现代化的根本保证。

中央委员、中央社会工作部部长吴汉圣表示，党的十八大以来，以

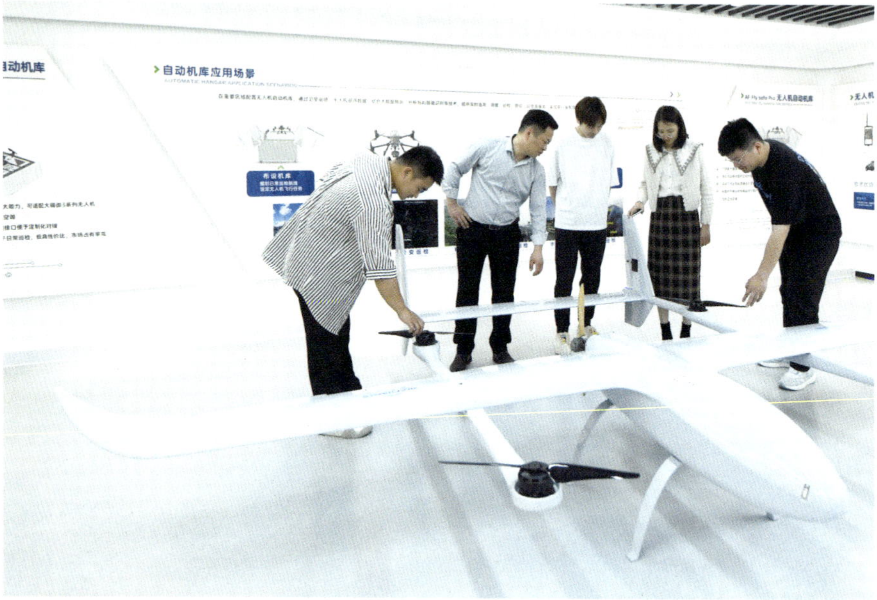

★ 2024 年 5 月 16 日，中科安飞（合肥）科技有限公司生产的无人机产品。（新华社发　郭如琦摄）

习近平同志为核心的党中央对社会工作作出一系列重要部署，习近平总书记就社会工作作出一系列重要论述，领导和推动社会工作取得历史性成就。在党和国家机构改革中，党中央决定组建中央社会工作部，并在省市县三级成立党委社会工作部门，充分体现了党中央对社会工作的高度重视。

吴汉圣说：“全会对探索加强新经济组织、新社会组织、新就业群体党的建设有效途径作出部署。新兴领域是在改革开放过程中发展壮大起来的，在经济社会发展中发挥着越来越重要的作用。我们要着力在扩大党在新兴领域的号召力凝聚力影响力上改革创新，把思想引领与凝聚服务结合起来，引领正确发展方向，维护各方合法权益。”

改革推动强军，强军支撑强国。全会提出，国防和军队现代化是中国式现代化的重要组成部分。

中央委员、南部战区政委王文全表示，全会聚焦进一步全面深化改革、推进中国式现代化作出系统部署，坚持守正创新，该坚持的毫不含糊、该改的坚决改，确保改革沿着正确方向前进，集中体现了以习近平同志为核心的党中央强烈的历史主动和使命担当。

“我们学习贯彻全会精神，最根本、最重要的就是在实施改革强军战略中，提高抓备战打仗能力，把党的领导贯穿到备战打仗各领域和全过程。要全面贯彻新时代政治建军方略，贯彻军委主席负责制，坚

★ 2024 年 2 月 2 日拍摄的西安大唐不夜城景色（无人机照片）。（新华社记者邵瑞摄）

决维护核心、听党指挥；要加快推进联合作战指挥体系建设，优化战区联指中心编成和运行机制，不断提升核心作战能力；要坚定灵活开展军事斗争，坚决维护国家海洋权益和边防安全，为改革发展稳定大局作出积极贡献。”王文全说。

一分部署，九分落实。既要当改革促进派，又要当改革实干家。

中央委员、陕西省委书记赵一德表示，党的二十届三中全会通过的决定是新时代新征程上推动全面深化改革向广度和深度进军的总动员、总部署，必将为中国式现代化提供强大动力和制度保障。陕西将把学习贯彻习近平总书记重要讲话精神和全会重大部署作为当前和今后一个时期的首要政治任务，全面对标对表，以钉钉子精神抓好改革落实，以实干实绩坚定拥护“两个确立”、坚决做到“两个维护”。

赵一德说：“我们要充分发挥科教、区位、文化等比较优势，以教育科技人才体制机制一体改革引领科技创新和产业创新深度融合，以稳步扩大制度型开放打造向西开放的重要基地，以激发中华优秀传统文化活力培育现代文旅产业，着力推动高质量发展，不断增强三秦百姓改革获得感，奋力谱写中国式现代化建设的陕西新篇章。”

（新华社北京2024年7月19日电　新华社记者朱基钗、张研、高蕾）

高举改革开放旗帜 推进强国复兴伟业

——中央和国家机关、人民团体深入学习贯彻党的二十届三中全会精神

党的二十届三中全会闭幕后，中央和国家机关、人民团体及时召开党组（党委）会议、全体党员干部大会和专题会议，以多种形式传达会议精神，认真学习、广泛讨论、深入交流，迅速掀起学习全会精神的热潮。

大家表示，奋进在强国建设、民族复兴新征程上，要深刻领悟“两个确立”的决定性意义，坚决做到“两个维护”，切实把思想和行动统一到全会精神上来，紧紧围绕推进中国式现代化进一步全面深化改革，守正创新、务实担当，不断谱写新时代改革开放新篇章。

新征程新起点 标注改革开放新的里程碑

党的二十届三中全会是在以中国式现代化全面推进强国建设、民族复兴伟业的关键时期召开的一次十分重要的会议，重点研究部署进一步全面深化改革、推进中国式现代化问题。

通过学习研讨，中央和国家机关工委、退役军人事务部、中国人民

银行、中华全国总工会党员干部表示，面对纷繁复杂的国际国内形势，面对新一轮科技革命和产业变革，面对人民群众新期待，必须自觉把改革摆在更加突出位置。全会把进一步全面深化改革、推进中国式现代化作为主题，抓住了事业发展的核心和关键，体现了我们党对肩负的使命任务的高度清醒，对进一步全面深化改革、推进中国式现代化的坚定决心信心。

此次全会的一项重要成果，是审议通过了《中共中央关于进一步全面深化改革、推进中国式现代化的决定》。

中央组织部、中央宣传部、自然资源部党员干部表示，《决定》既是党的十八届三中全会以来全面深化改革的实践续篇，也是新征程推进中国式现代化的时代新篇，是我们党历史上又一重要的纲领性文件。《决定》充分体现了以习近平同志为核心的党中央完善和发展中国特色社会主义制度、推进国家治理体系和治理能力现代化的历史主动，释放了我们党坚定不移高举改革开放旗帜的强烈信号。

中央统战部、国家民委、司法部、农业农村部党员干部认为，进一步全面深化改革，必须深入学习贯彻习近平总书记关于全面深化改革的一系列新思想、新观点、新论断，坚定不移走中国特色社会主义道路，把稳改革方向、增强改革主动、凝聚改革共识，坚持解放思想、实事求是、与时俱进、求真务实，不断解放和发展社会生产力、激发和增强社会活力。

船重千钧，掌舵一人。

中央和国家机关、人民团体广大党员干部表示，有习近平总书记领航掌舵，有习近平新时代中国特色社会主义思想科学指引，中国式现代化在改革开放中不断推进，也必将在改革开放中开辟广阔前景，续写新的壮丽篇章、创造新的更大奇迹。

新蓝图新部署　推动改革向广度和深度进军

站在新的历史起点上，党的二十届三中全会明确了进一步全面深化改革总目标：继续完善和发展中国特色社会主义制度，推进国家治理体系和治理能力现代化。

人力资源和社会保障部、交通运输部、文化和旅游部党员干部表示，要按照党中央要求，紧扣 2035 年改革目标，按照未来 5 年改革任务部署，将“七个聚焦”作为推进中国式现代化的发力点和进一步全面深化改革的着力点，确保新时代改革开放行稳致远。

进一步全面深化改革，必须贯彻好坚持党的全面领导、坚持以人民为中心、坚持守正创新、坚持以制度建设为主线、坚持全面依法治国、坚持系统观念等原则。

中央政法委、最高人民法院、科技部、财政部党员干部表示，六条原则集中体现了习近平总书记关于全面深化改革重要论述的核心要义，是对改革开放以来特别是新时代全面深化改革宝贵经验的科学总结，必须严格遵循、长期坚持，并深入领会其丰富内涵，将其贯穿于进一步全面深化改革的全过程。

围绕党的中心任务，全会对进一步全面深化改革作出系统部署。

国家发展和改革委员会、工业和信息化部、住房和城乡建设部、审计署党员干部认为，要完整准确全面贯彻新发展理念，坚持稳中求进工作总基调，以经济体制改革为牵引，全面推进各领域各方面的改革，更加注重系统集成，更加注重突出重点，更加注重改革实效，着力推动生产关系和生产力、上层建筑和经济基础、国家治理和社会发展更好相适应，为中国式现代化提供强大动力和制度保障。

教育部、民政部、生态环境部、国家卫生健康委员会党员干部表示，

★ 在合肥科学岛上的中国科学院合肥物质科学研究院内拍摄的稳态强磁场实验装置（2024年7月24日摄）。（新华社记者李鑫摄）

进一步全面深化改革要以促进社会公平正义、增进人民福祉为出发点和落脚点。要按照习近平总书记要求，坚持老百姓关心什么、期盼什么，改革就抓住什么、推进什么，不断健全保障和改善民生制度体系，让改革成果更多更公平惠及全体人民。

“改革和开放相辅相成，以开放促改革、促发展是中国改革发展的成功实践。”中联部、外交部、商务部党员干部表示，要持续推进高水平对外开放，主动对接国际高标准经贸规则，稳步扩大制度型开放，建设更高水平开放型经济新体制，倡导平等有序的世界多极化、普惠包容的经济全球化，坚定维护国家主权、安全、发展利益，以新时代改革开放推动中国和世界共同发展进步。

新气象新担当　将改革进行到底

党的二十届三中全会吹响了紧紧围绕推进中国式现代化进一步全面深化改革的号角。

全国人大机关、全国政协机关、应急管理部、全国妇联党员干部表示，要把学习好贯彻好全会精神作为当前和今后一个时期一项重大政治任务，以钉钉子精神抓好改革各项任务落实落地落细，切实增强责任感、使命感，做改革促进派、实干家，牢牢扭住关键、持续精准发力，把进一步全面深化改革的战略部署转化为推进中国式现代化的强大力量。

新时代新征程，惟改革者进，惟创新者强，惟改革创新者胜。

中央社会工作部、公安部、水利部、共青团中央党员干部表示，改革越是向纵深推进，触及的利益矛盾越是尖锐复杂，必须坚定信心、迎难而上，主动作为、敢作善为，有效应对重大挑战、抵御重大风险、克服重大阻力、解决重大矛盾，不断开辟新时代改革开放事业发展新天地。

进一步全面深化改革，关键在党。

中央纪委国家监委机关、中央党校（国家行政学院）、最高人民检察院、国家安全部党员干部表示，要始终保持解决大党独有难题的清醒和坚定，坚持用改革精神管党治党，切实加强和改进党的建设，不断推进党的自我净化、自我完善、自我革新、自我提高，持续增强党的创造力、凝聚力、战斗力，以党的伟大自我革命引领伟大社会革命，为进一步全面深化改革、推进中国式现代化提供坚强政治保证。

中央和国家机关、人民团体广大党员干部坚信，全会胜利召开，必将激励全党全军全国各族人民更加紧密地团结在以习近平同志为核心的党中央周围，高举改革开放旗帜，凝心聚力、奋发进取，为全面建成社会主义现代化强国、实现第二个百年奋斗目标，以中国式现代化全面推进中华民族伟大复兴而努力奋斗！

（新华社北京 2024 年 7 月 20 日电　新华社记者）

凝聚力量抓落实，开创进一步全面深化改革新局面

——各地干部群众掀起学习贯彻党的二十届三中全会精神热潮

党的二十届三中全会是在以中国式现代化全面推进强国建设、民族复兴伟业的关键时期召开的一次十分重要的会议。《中国共产党第二十届中央委员会第三次全体会议公报》《中共中央关于进一步全面深化改革、推进中国式现代化的决定》相继发布，各地干部群众以各种形式深入学习，掀起学习贯彻党的二十届三中全会精神热潮。

大家表示，全会的举行，彰显了以习近平同志为核心的党中央将改革进行到底的坚定决心和强烈使命担当，《决定》是指导新征程上进一步全面深化改革的纲领性文件，要把思想和行动统一到党的二十届三中全会精神上来，凝聚力量、狠抓落实，不断开创进一步全面深化改革新局面。

全面建设社会主义现代化国家迈出坚实步伐

改革开放是党和人民事业大踏步赶上时代的重要法宝。党的二十届三中全会高度评价新时代以来全面深化改革的成功实践和伟大成就。

深圳前海，“特区中的特区”。近年来，前海大力推动制度型开放，对外开放不断迈出新步伐。2019年至2023年，累计实际使用外资240.47亿美元。

“这几年，前海一年一个样，‘荒滩涂’正变为‘聚宝盆’，这得益于以习近平同志为核心的党中央对全面深化改革作出的一系列重大战略部署，在指导新实践、引领新变革中展现出强大的真理魅力和实践伟力。”前海管理局副局长王锦侠说，在党的二十届三中全会精神指引下，前海要在进一步全面深化改革、推进中国式现代化新征程上走在前列、勇当尖兵。

千里之外的大西北，全会公报传到新疆乌鲁木齐市固原巷社区，立即成为社区居民在群众“说事点”学习讨论的内容。

“这些年，我们不断健全共建共治共享的社会治理制度，有效地将邻里纠纷解决在社区，将意见建议汇总在社区。”社区干部艾散江·阿卜杜巴柯表示，将深入学习贯彻全会精神，在基层治理改革中紧紧依靠人民群众，坚持以人民为中心，解决人民群众最关心最直接最现实的利益问题。

近年来，完整准确全面贯彻新发展理念不断走深走实。

认真学习全会精神，黑龙江漠河市北极镇党委书记文竹深有感触。北极镇近年来全面实施人居环境提升、农村生活垃圾治理等民生工程，

★ 贵州省毕节市纳雍县库东关乡陶营村村民在自家果园里采摘樱桃（2022年4月16日摄）。（新华社记者李凡摄）

村庄环境越来越好。“实践充分证明，聚焦提高人民生活品质，聚焦建设美丽中国，定能推进生态美和百姓富的有机统一。”文竹说。

时下，贵州乌蒙山腹地的毕节市纳雍县库东关乡陶营村游人如织。咬定农旅融合发展思路，陶营村2023年人均可支配收入达2.66万元。

陶营村党总支书记肖军见证了村里这十几年的发展：“这些年，我们不仅脱了贫，还发展起了乡村特色产业。全会提出要完善强农惠农富农支持制度，往后农民增收致富渠道会更宽，日子会更好。”

全会提出，中国式现代化是物质文明和精神文明相协调的现代化。

河南许昌市长葛市石象镇营坊村党群服务中心广场上，一辆图书流动服务车吸引了乡亲们驻足。车内除了上千册纸质图书，还有超过1万册电子书籍供村民免费阅读。自2020年起，图书流动服务车定期向远离城市图书馆的读者提供服务，惠及近 20 万群众。

流动服务车工作人员李磊说，全会提出要优化文化服务和文化产品供给机制，这让人民群众对未来文化生活有了更大的期待，也给图书流动服务提出了新的课题。今后“车轮上的图书馆”要开得更远，让更多群众在家门口享受到更加优质的公共文化服务。

为中国式现代化提供强大动力和制度保障

围绕党的中心任务谋划和部署改革，是党领导改革开放的成功经验。全会明确提出“七个聚焦”，继续把改革推向前进。

东海之滨，巨轮往来、集卡穿梭……繁忙的场景每天都在浙江宁波舟山港上演，彰显中国经济持续涌动的发展活力与强大动力。

“港口是内通外联的‘桥头堡’。全会提出健全提升产业链供应链韧性和安全水平制度，建设更高水平开放型经济新体制，让我们深感责任重大。”宁波舟山港集团董事长陶成波表示，宁波舟山港将加强改革创新，深化科技赋能，在扩大国际合作中提升开放能力，勇当进一步全面深化改革的“弄潮儿”。

★ 奔跑在色林错国家级自然保护区申扎县片区里的藏羚羊（2024 年 8 月 26 日摄）。（新华社记者张汝锋摄）

全会提出，法治是中国式现代化的重要保障。其中“全面推进国家各方面工作法治化”，引起甘肃兰州市公安局七里河分局经济犯罪侦查大队民警张怡强烈共鸣。

“作为新时代公安战线的一名基层民警，必须做好每一项执法决定、处理好每一宗案件，努力让人民群众感受到公平正义，为优化营商环境、护航经济发展更好服务。”张怡说。

全会提出，在发展中保障和改善民生是中国式现代化的重大任务。江西余干县委书记胡斌表示：“基层工作做得好不好，直接关系百姓冷暖。按照全会指引的方向，我们将加强普惠性、基础性、兜底性民生建设，集中力量把民生实事办好，将发展成果转化为群众可及可感的民生福祉。”

青海可可西里的藏羚羊种群数量，实现了从不足2万只恢复至7万多只的变化，成为我国生态文明体制机制改革创新的生动缩影。

“完善生态文明基础体制，健全生态环境治理体系，全会为三江源国家公园协调推进高水平保护和高质量发展提供了行动指南。”三江源国家公园管理局副局长孙立军说，将从保护生态系统原真性和完整性、治理理念科学化等方面，全面巩固提升国家公园建设质量，着力

构建系统完备、保护有力、运行有效、监管精准的管理体系。

全会强调，党的领导是进一步全面深化改革、推进中国式现代化的根本保证。广大干部群众对此深有体会，纷纷表示，历史和现实证明，坚持和加强党的全面领导，才能将新时代的改革开放继续推向前进。

湖北省中共党史学会会长何光耀说：“党的领导是确保改革开放行稳致远的‘定海神针’。新征程上，要运用好‘六个坚持’的宝贵经验，进一步全面深化改革、推进中国式现代化。”

把全会战略部署转化为推进中国式现代化的强大力量

中国式现代化是在改革开放中不断推进的，也必将在改革开放中开辟广阔前景。

从智能工厂生产的手机在海外卖出上亿部，到中国“土生土长”的创新药在海外获批……北京中关村发挥科技体制改革“试验田”作用，先行先试一批辐射全国的改革举措，释放出创新主体的无限活力。

北京市科委、中关村管委会主任张继红说，将落实全会部署，自觉把改革摆在更加突出位置，依靠改革破难题、增活力、强动力，全力打造国家战略科技力量，一体推进教育科技人才发展，全面营造具有全球竞争力的创新生态。

健全社会保障体系，深化医药卫生体制改革……全会通过的《决定》里充满民生温度。

在陕西西安市灞桥区十里铺街道，嵌入式“医康养”综合体、社区大食堂、综合养老服务中心等构成“15 分钟养老服务圈”，实现辖区内老年人的养老服务托底。

街道办事处副主任答小利表示，将不断创新工作方法，把改革举措与基层实际相结合，延伸社区服务的深度和广度，用实际行动把“民生清单”变为老百姓的“幸福账单”，把全会提出的“在发展中保障和改善民生”这一中国式现代化重大任务落到实处。

宁夏吴忠市红寺堡区柳泉乡永新村，随着一项项涉农改革举措落地，村庄焕然一新。

“促进城乡共同繁荣发展”“巩固和完善农村基本经营制度”……全会提出的一系列改革举措，让永新村党支部书记王浩充满信心：“我们将努力贯彻落实好全会精神，将产业发展与乡村全面振兴有机融合，

★ 乌兰牧骑队员在“相约草原·遇见那达慕”内蒙古第 34 届草原那达慕开幕式上表演（2024 年 7 月 14 日摄）。（新华社记者贝赫摄）

让群众进一步致富增收。”

高质量发展是全面建设社会主义现代化国家的首要任务。

近期，成都市低空交通管理服务平台开启首次实战检验。四川沃飞长空首席执行官兼首席科学家郭亮说：“全会提出要健全因地制宜发展新质生产力体制机制等，为企业提供了清晰的政策指引。我们将继续瞄准低空经济赛道全力布局，加速低空出行服务商业化进程。”

这几天，内蒙古锡林郭勒盟苏尼特右旗乌兰牧骑队员们正在朱日和镇巴彦德力格尔嘎查，为农牧民带来精彩节目。

“全会提出培育形成规模宏大的优秀文化人才队伍，为我们文艺工作者指明了奋斗方向。”队长扎那说，要充分发挥红色文艺轻骑兵作用，创作更多接地气、传得开、留得下的优秀作品，不断丰富广大农牧民的精神生活。

高举改革开放旗帜，凝心聚力、奋发进取。

“全会作出系列部署，要求健全新型举国体制，提升国家创新体系整体效能。我们必须坚持独立自主，坚持高水平科技自立自强，以科技创新促进高质量发展。”安徽省科技厅党组书记吴劲松说，“全面落实全会提出的任务，我们要保持定力，增强信心，集中精力办好自己的事情，朝着既定目标一步一个脚印前进。”

（新华社北京2024年7月21日电　新华社记者齐中熙、高敬、叶昊鸣、周圆、张漫子、史林静、吴涛、于涛、闫睿、王靖、张斌、徐凯鑫、范帆、刘美子、胡伟杰、魏一骏、李凡、邹欣媛、王金金、胡旭）

奋发进取谱新篇　开辟中国式现代化广阔前景

——各地干部群众掀起学习贯彻党的二十届三中全会精神热潮

连日来，各地干部群众深入学习贯彻党的二十届三中全会精神，畅谈新时代以来全面深化改革的成功实践和伟大成就，认真领悟党的二十届三中全会就进一步全面深化改革、推进中国式现代化作出的战略部署，结合实践谋划落实举措。

大家一致表示，要更加紧密地团结在以习近平同志为核心的党中央周围，凝心聚力、锐意进取，求真务实、真抓实干，在进一步全面深化改革中开辟中国式现代化广阔前景。

伟大成就凝聚奋进力量

浦江潮涌，东方风来。作为我国首个自由贸易试验区，上海自贸试验区自 2013 年挂牌成立以来，一系列制度创新从这里走向全国，发挥了改革开放试验田的作用。

“新时代以来，上海自贸试验区大胆试、大胆闯，用实践印证了‘必须自觉把改革摆在更加突出位置’的重大意义。”上海市浦东新区发展改革委体制改革处处长郑海鳌感慨地说，“浦东新区将认真贯彻落实党的二十届三中全会精神，不断推进更深层次改革、更高水平开放，在全面建设社会主义现代化国家、推进中国式现代化中更好发挥示范引领作用。”

山东省农业科学院小麦遗传育种创新团队的实验室里，研究团队正在对今年夏收收回的上万份育种材料进行籽粒鉴定、品质分析等工作。2013年11月，习近平总书记在山东考察时指出，解决好“三农”问题，根本在于深化改革，走中国特色现代化农业道路。牢记总书记嘱托，创新团队潜心种业振兴，不断取得新进展。

团队学术带头人刘建军感触深刻：“新时代以来全面深化改革的成功实践和伟大成就，根本在于以习近平同志为核心的党中央领航掌舵，在于习近平新时代中国特色社会主义思想科学指引。面对纷繁复杂的国际国内形势，面对新一轮科技革命和产业变革，面对人民群众新期待，农业科技工作者要紧跟着党走，把握进一步全面深化改革的时代机遇，为保障国家粮食安全、端牢中国饭碗贡献更大力量。”

党的十八大以来，地处科尔沁沙地北缘的吉林省白城市，依托河湖连通工程、“三北”防护林工程等，不仅改善了当地生态环境，还在促进农民增收、保障粮食稳产高产等方面取得显著效益。

“全会以‘六个坚持’深刻总结改革开放以来特别是新时代全面深化改革的宝贵经验，我们要在实践中继续用好宝贵经验，把生态优势不断转化为发展优势。”白城市荒漠化土地治理中心主任纪凤奎说。

组建经济林果专业合作社、开展结对帮扶……地处喜马拉雅山脉腹地的西藏阿里地区札达县底雅乡底雅村不断探索巩固拓展脱贫攻坚成果与乡村振兴有效衔接工作机制，村容村貌焕然一新，边防更加巩固。

底雅村党支部书记次仁罗布激动地说：“底雅村将立足边境兴、边

★ 在钦州铁路集装箱中心站货场，一辆正面吊车在给货车装运集装箱（2024年8月1日摄）。（新华社记者张爱林摄）

防固这个着力点，认真贯彻落实党的二十届三中全会精神，带领群众把日子越过越好。”

中国式现代化是在改革开放中不断推进的，也必将在改革开放中开辟广阔前景。

叠加成渝地区双城经济圈、西部陆海新通道、长江经济带发展、共建“一带一路”等改革开放红利，重庆市迎来巨大发展机遇。“我们将进一步强化西部陆海新通道物流和运营组织中心功能，促进通道与贸易、产业深度融合，用实际行动把全会精神贯彻落实好。”重庆市政府口岸物流办主任杨琳干劲十足。

宏伟蓝图指引前进方向

设备调试、数据运算……位于江苏南京的紫金山实验室内，科研人员正在紧张有序地开展 6G 无蜂窝广域低空覆盖、广域确定性光电融合网络等前沿技术攻关。

“全会明确了进一步全面深化改革的总目标，强调了改革任务聚焦的七个方面，为继续把改革推向前进指明了方向。”紫金山实验室科研部部长齐望东倍感振奋，“全会提出要健全因地制宜发展新质生产力体制机制，将为我们在未来网络等领域攻克更多关键核心技术、推动科研成果应用转化提供强有力的制度保障。”

强调构建高水平社会主义市场经济体制，健全推动经济高质量发展体制机制，构建支持全面创新体制机制……全会对进一步全面深化改革作出系统部署。

“激发企业创新活力，需要公平竞争的市场环境。”沈阳新松机器人自动化股份有限公司总裁张进说，全会强调高水平社会主义市场经济体制是中国式现代化的重要保障，这将为创新型企业成长提供更加优良的土壤。

老百姓关心什么、期盼什么，改革就抓住什么、推进什么。全会提出“解决好人民最关心最直接最现实的利益问题”，福建三明市沙县区总医院党委书记万小英深感重任在肩。

“三明医改的出发点和立足点，就是把人民健康放在优先地位。我们将持之以恒推动‘三医’协同发展和治理，努力将医改红利转化为人民群众的健康福祉。”万小英说。

推进国家治理体系和治理能力现代化，社区治理只能加强、不能削弱。从事社区工作近 9 年，天津市南开区向阳路街道昔阳里社区党委书记张燕霞深切体会到社区是基层治理的“底盘”。“社区党组织作为距离群众最近的基层党组织，就是要不断创新工作方法，推动健全社会治理体系，守护百姓‘稳稳的幸福’。”张燕霞说。

近年来，广西北流市积极推进“农地入市”，城乡融合发展动能不断增强。

全会关于城乡融合发展的部署，让北流市委书记刘启更加坚定改革信心：“北流将进一步统筹好新型工业化、新型城镇化和乡村全面振兴，破解产业发展梗阻问题，通过加大资金支持、加强县域人才培养、强化土地要素保障、发展新质生产力等，持续提升县域经济竞争力。”

南海之滨，海南自由贸易港正在全力备战封关运作。海口海关自贸区和特殊区域发展处处长何斌说，全会提出，开放是中国式现代化的鲜明标识。“海口海关将坚持以制度集成创新为主线，高标准完成封关运作各项准备工作，推动自贸港在建设更高水平开放型经济新体制上不断取得新成果。”

统筹部署推进改革落实

盛夏的雄安，涌动着创新的活力。5月9日正式启动运行以来，雄安高新区充分发挥高新区与自由贸易试验区“双区叠加”优势，吸引一批高新技术企业加速落地。

“党的二十届三中全会吹响了进一步全面深化改革的号角，我们要坚持走好改革发展谋创新之路。”雄安高新区管委会副主任宋力勋说，“党的领导是进一步全面深化改革、推进中国式现代化的根本保证。我们要完整、准确、全面贯彻落实党中央战略部署，敢担当、勇创新、善作为，高标准高质量推进雄安新区建设。”

★ 鸟瞰海口新海港综合交通枢纽站项目（2023年9月4日摄，无人机照片）。（新华社发　石中华摄）

绘蓝图、定目标、明方向。认真学习了全会精神，湖南湘江新区经济发展局发展战略规划处处长郭丁文说，下一步在研究地方发展规划思路时，要用好系统观念，加强统筹协调，确保各方面改革举措配套衔接，推动改革规划一步步转化为发展硕果。

正值暑假，山西国民师范旧址革命活动纪念馆里，参观的游客络绎不绝。副馆长杨芸表示："中国式现代化是物质文明和精神文明相协调的现代化。我们将贯彻落实好全会对深化文化体制机制改革的重要部署，加快适应信息技术迅猛发展新形势，创造更多优质文化产品，为凝聚民族复兴精神伟力贡献力量。"

★ 2023 年 10 月 12 日，在库尔勒市普惠农场一处棉田，农民驾驶大型采棉机采摘棉花（无人机照片）。（新华社记者李响摄）

眼下，正是新疆棉花生长的关键期，一个个饱满的棉桃已挂上枝头。新疆生产建设兵团第一师阿拉尔市十团八连职工王刚忙得不亦乐乎。得益于农业技术水平提高，去年他种植的棉花亩产达500公斤。

“随着兵团改革不断深化，兵地持续融合，大家也从种植特色农作物中尝到了增收致富的甜头。”王刚说，要深入领会全会精神，发挥好党员模范带头作用，带动身边更多人共同致富。

云南省文山壮族苗族自治州西畴县莲花塘乡纪委书记班国婷表示：“作为基层纪检干部，我们要永葆‘赶考’的清醒和坚定，将求真务实的作风贯穿到基层监督执纪中。”

（新华社北京2024年7月22日电　新华社记者）

以高质量发展奋力书写中国式现代化新篇章

——中管企业、中管金融企业和中管高校干部职工掀起学习贯彻党的二十届三中全会精神热潮

连日来，中管企业、中管金融企业和中管高校干部职工认真学习党的二十届三中全会精神。大家一致表示，全会对进一步全面深化改革、推进中国式现代化作出一系列战略部署，彰显了将改革进行到底的坚强决心和历史担当。新时代新征程上，要把思想和行动统一到以习近平同志为核心的党中央决策部署上来，鼓足干事创业的精气神，争当改革行动派实干家，以扎扎实实的实际作为激发经济高质量发展的活力动力，奋力谱写新时代改革开放新篇章。

伟大成就鼓舞人心

不久前，嫦娥六号在人类历史上首次实现月球背面采样返回。这是我国建设航天强国、科技强国取得的又一标志性成果。第一时间学习了全会公报，中国航天科技集团五院科研人员李炯卉深有感触地表示，新时代以来，全面深化改革取得历史性伟大成就，根本在于习近平总书记领航掌舵，根本在于习近平新时代中国特色社会主义思想科学指引。

★ 2024年6月26日，在中国航天科技集团五院举行的嫦娥六号返回器开舱仪式现场，科研人员取出月球样品容器准备称重。（新华社记者金立旺摄）

“健全新型举国体制，提升国家创新体系整体效能等改革部署为我国航天科技实现高水平自立自强指明了方向。”李炯卉表示，将以全会精神为指引，大力弘扬探月精神，勇毅前行，再立新功，为全面建成航天强国贡献更大力量。

建成全球规模最大的5G网络，算力网络覆盖“东数西算”全部枢纽节点……近年来，中国移动以改革增活力，以创新添动力，持续为我国经济社会的高质量发展夯实“数字底座”。

“新时代全面深化改革蹄疾步稳，推动我们朝着既定目标一步一个脚印前进；面对前进路上的未知领域，要继续在实践中大胆探索。”中国移动发展战略部（改革办）总经理刘昕表示，中国移动将把握新一轮科技革命和产业变革机遇，完善促进实体经济和数字经济深度融合的体制机制，争做发展新质生产力的先行者、排头兵。

今年以来，保障性住房等“三大工程”建设积极推进。作为服务基础设施建设的主力银行，国家开发银行已发放“三大工程”贷款1600多亿元。国开行住宅与城市建设业务部总经理胡广华表示，国开行将深入贯彻落实全会精神，深入践行金融工作的政治性、人民性，强化职能定位，聚焦提高人民生活品质，继续扎实做好各项金融服务。

成绩弥足珍贵，经验启迪未来。

全会以“六个坚持”深刻总结改革开放以来特别是新时代全面深化改革的宝贵经验。“改革步入深水区，越往前走遇到的挑战越大，需要认真总结新时代全面深化改革的宝贵经验。其中，最重要的就是要坚持党的领导。”清华大学习近平新时代中国特色社会主义思想研究院常务副院长肖贵清表示，作为高校教育工作者和研究者，将切实贯彻科教兴国战略，深化教育综合改革，努力为全面深化改革提供人才保障。

宏伟蓝图指引方向

7月19日，中国人民大学举办“复兴论坛”，邀请各领域专家学者聚焦党的二十届三中全会主题展开研讨。

“全会紧扣中国式现代化来谋划和部署新一轮改革任务，路径清晰、方向明确，是新时代新征程进一步全面深化改革的行动指南，是推进中国式现代化的时代新篇。”中国人民大学农业与农村发展学院副院长钟真表示，要用党的二十届三中全会精神武装头脑、引领学术、促进发展，不断坚定改革的决心和信心。

强调构建高水平社会主义市场经济体制，健全推动经济高质量发展体制机制，构建支持全面创新体制机制……全会对进一步全面深化改革作出系统部署。

连日来，中国电科首席科学家吴鸣亚带着新兴技术领域研究课题，奔波于北京、南京、成都等地。全会公报中“健全因地制宜发展新质生产力体制机制”等有关部署，令他倍感振奋。

“全会释放了全面深化改革向广度和深度进军的鲜明信号。”吴鸣亚表示，近年来，中国电科坚持改革赋能、创新驱动，加大集成电路、先进材料等重点领域关键核心技术攻关。“高质量发展是全面建设社会主义现代化国家的首要任务。下一步，我们将以全会精神为指引，以新发展理念引领改革，加速布局战略性新兴产业和未来产业，着力塑造发展新优势新动能。”

在胶东半岛，我国首个核能供热商用工程“暖核一号”建成投运；在青海，全球最大装机容量“水光互补”项目龙羊峡水光互补电站源源输送绿电……国家电投清洁能源装机规模达到 1.7 亿千瓦，占总装机规模的比重超七成。

“全会鲜明提出‘七个聚焦’，既是推进中国式现代化的发力点，也是进一步全面深化改革的着力点。”国家电投战略规划与发展部副主任李鹏说，国家电投将抢抓进一步全面深化改革的历史机遇，加快培育新能源领域新业态新模式，为我国绿色发展贡献源源不断的清洁能源。

2.3 万个网点，一半在县域，一半在城市；县域贷款余额超 9 万亿元，占全行贷款比重达 40%……中国农业银行紧扣服务乡村振兴和实体经济需要，持续加大金融供给。

“完善城乡融合发展体制机制，是全会对进一步全面深化改革作出的系统部署之一，充分体现了党中央对缩小城乡差别、促进城乡共同繁荣发展的高度重视。”中国农业银行三农业务总监王兆阳表示，农业银行将充分发挥横跨城乡的经营优势，切实把全会重大改革部署转化为助推城乡融合发展的实际行动，统筹做好新型工业化、新型城镇化和乡村全面振兴金融服务。

前不久，浙江大学4名本科生通过“浙大学子一站式科研导航平台”参与到学院教授招募的新型量子材料探索研究项目。

全会鲜明提出“统筹推进教育科技人才体制机制一体改革”，让浙大本科生院院长张光新更加坚定改革信心：“教育、科技、人才是中国式现代化的基础性、战略性支撑，我们将进一步通过对组织体制、运行机制、资源配置等方面的综合改革，打通教育、科技、人才良性循环的痛点堵点，为中国式现代化提供坚实的人才支撑。”

时代号角催人奋进

7月16日，一辆解放J7创领版高端重卡在吉林省长春市缓缓驶下生产线，标志着我国自主研发的第900万辆解放牌卡车正式出车，也标志着中国一汽总产量达到6000万辆。

“党的二十届三中全会吹响了进一步全面深化改革的号角，作为新时代的产业工人，要把高质量发展要求落实到设计、研发、制造的每一个环节，掌握更多关键核心技术，突破更多技术难题，努力在推进中国式现代化中走在前列、勇当尖兵。”中国一汽集团首席技能大师杨永修表示。

奋斗创造历史，实干成就未来。

优美的社区环境、便捷的养老设施、优质的医疗资源……中国人寿已在全国11个城市布局养老社区，养老床位近万张。认真学习了全会精神，中国人寿集团旗下国寿健康产业投资有限公司首席运营官李文善干劲满满。“我们将始终胸怀‘国之大者’，坚持把金融为民作为必须承担的政治责任和推动自身高质量发展的必然要求，把握改革发展机遇，积极参与多层次社会保障体系建设。”

近日，中信集团联动 20 多家金融和实业公司组建的中信股权投资联盟生态圈正式启动，聚焦投早、投小、投长期、投硬科技，助力更多科技企业成长。中信股权投资联盟会长陆金根表示：“我们将充分发挥中信集团的综合优势，构建支持全面创新体制机制，加速形成‘产业 + 金融 + 生态’新模式，努力为加快形成新质生产力作出更大贡献。”

正值暑期，四川大学经济学院组织学生深入实体企业、金融机构等进行实践学习。“全会提出进一步全面深化改革‘以经济体制改革为

★ 2018 年 2 月 27 日，“中远海运白羊座”集装箱船停靠在比利时安特卫普港。（新华社记者王晓郡摄）

牵引'，作为教育工作者深感重任在肩。”四川大学经济学院教授邓国营表示，将在全会精神指引下，发挥学科优势，加强对经济领域重大问题的研究，同时促进产学研深度融合，培养学生创新思维和解决实际问题的能力，为经济高质量发展提供人才支撑。

中国式现代化是在改革开放中不断推进的，也必将在改革开放中开辟广阔前景。

7 月 22 日，中国首制 2 万标箱级超大型集装箱船——“中远海运白羊座”轮正从欧洲安特卫普港驶回中国上海港。党的二十届三中全会相关部署让船长蔡章添激情满怀。

“在一次次航程往来中，我们真切见证了国家不断深化高水平对外开放。”蔡章添表示，“作为‘大国船队’的一员，将以党的二十届三中全会精神为指引，奋发进取、勇于担当，在改革开放大潮中乘风破浪，为推进中国式现代化贡献更多力量。”

（新华社北京 2024 年 7 月 23 日电　新华社记者）

奋力书写改革新答卷

——广大知识分子和青年学生掀起学习贯彻党的二十届三中全会精神热潮

改革征程再响号角，伟大时代又启新篇。

连日来，广大知识分子和青年学生认真学习党的二十届三中全会精神，倍感振奋。从首都到边疆，从高校院所到创新一线，大家表示，要紧密团结在以习近平同志为核心的党中央周围，以更加坚定的信念、更加昂扬的斗志，奋力书写改革新答卷，为推动中国式现代化事业阔步向前作出更大贡献。

新起点，再次发出动员令

全会审议通过的《中共中央关于进一步全面深化改革、推进中国式现代化的决定》，是党的十八届三中全会以来全面深化改革的实践续篇，也是新征程推进中国式现代化的时代新篇。

“这充分体现了以习近平同志为核心的党中央完善和发展中国特色社会主义制度、推进国家治理体系和治理能力现代化的历史主动。”仔细研读全会公报和《决定》，中央党校（国家行政学院）马克思主义学院副院长王虎学表示，作为党的理论工作者，要以高度的政治自觉、思想自觉和行动自觉，学习好、研究好、阐释好、宣传好全会精神，牢记“为党育才、为党献策”的党校初心，在聚焦问题中“深学”，在解答问题中“笃用”，努力为提高全党马克思主义水平和现代化建设能力挺膺担当、贡献力量。

当前和今后一个时期是以中国式现代化全面推进强国建设、民族复兴伟业的关键时期。

“如期完成强国建设目标，不断满足人民对美好生活的向往，很大程度上取决于生产力的发展。”上海交通大学安泰经济与管理学院院长陈方若表示，改革将进一步解放和发展社会生产力、激发和增强社会活力。要深入学习贯彻全会精神，将学术创新与改革实践紧密结合，为经济发展建言献策，为产业升级提供真知灼见。

东北黑土地上，此时正是绿野千里、稻浪滚滚。刚从基层调研回来的黑龙江省农业科学院原院长韩贵清第一时间学习了全会精神，他表示，改革持续将农业农村现代化的“蛋糕”做大，让农民心里“托底”，进一步加强粮食稳产保供。未来还要继续通过改革端稳中国饭碗，帮助更多农民在现代化的道路上共同前进。

浙江温州瑞安市马屿供电所博士服务站培育了一批电力科技人才，在数字化牵引新型电力系统建设、服务乡村振兴和共同富裕等工作中得到当地群众的赞誉。

博士服务站负责人周金辉表示，将学深悟透全会精神，永葆“闯”的精神、“创”的劲头、“干”的作风，不断提升自主创新能力，以更精深的专业能力投身于中国式现代化建设。

不久前，嫦娥六号在人类历史上首次实现月球背面采样返回，这是我国建设航天强国、科技强国取得的又一标志性成果。

“不断刷新的月球探索新高度，彰显科技体制改革不断深化的力度。20 年来，探月工程发挥新型举国体制优势，集聚力量不懈攻坚，创造了一个又一个航天壮举。”嫦娥六号任务总设计师胡浩激情满怀，“新起点上，我们将不畏艰难挑战，勇攀高峰脚步不停，奔赴更广阔的‘星辰大海’。”

明方向，只争朝夕促落实

全会从党和国家事业发展全局的战略高度出发，构建了进一步全面深化改革、推进中国式现代化的“四梁八柱”，绘就了恢宏而又具体的改革蓝图。

加强对国家重大科技任务和科技型中小企业的金融支持，完善长期资本投早、投小、投长期、投硬科技的支持政策……中科创星创始合伙人米磊格外关注全会《决定》里关于创新赛道的改革红利。

从中国科学院西安光机所的“科研人”到硬科技“创业人”，米磊干劲充足：“我们要抓住时代机遇，在新一轮科技革命和产业变革中抢占先机。”

科技创新靠人才，人才培养靠教育。全会提出，教育、科技、人才是中国式现代化的基础性、战略性支撑。

位于安徽合肥的中国科学技术大学一间实验室内灯火通明，研究生院副院长姚华建正带领学生进行地震波成像研究。学术创新型人才和实践创新型人才分类培养，是该校研究生院近年来一项重点探索。

“我们将依托国家级科研平台和重大项目，不断破解教育、科技、人才一体化发展过程中的堵点难点，为建设教育强国、科技强国、人才强国添砖加瓦。”姚华建说。

法治是中国式现代化的重要保障。一级律师、江苏省新的社会阶层人士联谊会会长魏青松表示，在落实改革举措的过程中，将坚定不移地贯彻落实党中央决策部署，为弘扬社会主义法治精神、维护社会公平正义踊跃贡献专业力量。

老百姓关心什么、期盼什么，改革就抓住什么、推进什么。

在无锡市新吴区江溪夕阳红休养中心，长沙民政职业技术学院2020届智慧健康养老服务与管理专业毕业生王韶颖正在指导照护员开展认知症非药物干预照料实践。全会提出加强普惠性、基础性、兜底性民生建设，让王韶颖深受鼓舞："改革的蓝图，正是我们的奋斗目标，大家扎实苦干，才能实现对美好生活的向往。"

扎根新疆50余载，义务巡诊走遍天山南北，武警新疆总队医院肝胆外科主任医师庄仕华见证了这些年基层医疗卫生服务体系的巨变。"更方便地看上病、看好病，是群众最现实的利益问题。"庄仕华说，"沿着全会指引的改革方向，一步一个脚印继续努力，我们有信心守护好各族群众的健康幸福。"

聚力量，接续奋斗写新篇

"到二〇二九年中华人民共和国成立八十周年时，完成本决定提出的改革任务。"时间表已定，5年倒计时，改革压茬推进。

在北京交通大学自动化与智能学院，党委书记闻映红带领教师队伍认真学习全会精神。"全会公报和《决定》求真务实，传递出将改革进行到底的坚定决心，我们对国家未来发展充满信心。"闻映红说。

青年兴，则国家兴；青年强，则国家强。

深入多个乡村，开展"艺术乡建""美育课堂"，中国美术学院研

★ 2024 年 6 月 15 日，杭州师范大学音乐学院的学生（右一）在三都镇镇头村指导村民进行空灵鼓、葫芦丝合奏。（新华社记者徐昱摄）

究生熊峻苓将所学融入志愿服务。

“文化艺术不仅是美的追求，更是服务人民、推进中国式现代化的重要力量。”熊峻苓说，要扎实学习专业本领，把青春奋斗融入改革事业，让艺术作品更加贴近时代、贴近生活、贴近人民，为激发文化创新创造活力作出一份贡献。

西南大山，夏日炎炎。茂兰国家级自然保护区的原始森林里，贵州大学生命科学学院生态学专业博士生余江洪正在做植物调查。

“用扎实的野外基础数据来揭示自然奥秘，用严谨的实地科学研究来守护生态环境。”余江洪立下目标，“把科研论文写在祖国大地上，为建设‘美丽中国’不断奋斗。”

惟改革者进，惟创新者强。

“进一步全面深化改革为我们青年一代建功立业提供更丰富的机会、创造更有利的条件。”北京大学计算机应用技术专业博士生刘黎明正在向三维体视频的生成与传输这一跨学科领域发起挑战，“我会沿着全会精神的指引，立足专业不断深入学习研究，面向国家和人民需要奋力创新，在推进中国式现代化新征程上书写火热的青春篇章。”

（新华社北京 2024 年 7 月 26 日电　新华社记者）

深入实施改革强军战略，加快推进国防和军队现代化

——全军官兵认真学习贯彻党的二十届三中全会精神

党的二十届三中全会发出了新时代新征程进一步全面深化改革的动员令。连日来，从北国边陲到南国海疆，从大漠戈壁到雪域高原，大江南北座座军营以生动多样的形式持续兴起学习贯彻党的二十届三中全会精神的热潮。

全军官兵一致表示，要更加紧密地团结在以习近平同志为核心的党中央周围，高举改革开放旗帜，凝心聚力、奋发进取，为打好实现建军一百年奋斗目标攻坚战、开创国防和军队现代化新局面，为全面建成社会主义现代化强国、实现第二个百年奋斗目标，以中国式现代化全面推进中华民族伟大复兴而努力奋斗。

军委机关各部委、军委各直属机构、军委联指中心干部在学习中深切感到，党的二十届三中全会彰显了以习近平同志为核心的党中央将改革进行到底的坚强决心和强烈使命担当，是我国改革开放历程中又一座重要里程碑。各战区、各军兵种、军委各直属单位、武警部队官兵表示，全会审议通过的《中共中央关于进一步全面深化改革、推进中国式现代化的决定》是新时代新征程推动全面深化改革向广度和深度进军的总动员、总部署，必须深入学习领会，全面贯彻落实。

军事科学院、国防大学、国防科技大学组织官兵就全会精神展开交流讨论。“新时代以来，以习近平同志为核心的党中央以巨大的政治勇气和智慧，把中国特色社会主义改革理论和改革实践推进到新的广度和深度。”国防科技大学某科技创新团队教职人员深深感到，全面深化改革之所以取得历史性伟大成就，根本在于有习近平总书记作为党中央的核心、全党的核心领航掌舵，在于有习近平新时代中国特色社会主义思想科学指引。

党的十八大以来，以习近平同志为核心的党中央全面实施改革强军战略，人民军队实现整体性革命性重塑。回顾国防和军队改革取得的历史性成就，火箭军某旅官兵倍感振奋：“正是在习主席坚强领导下，在习近平强军思想科学指引下，我们这支党领导的人民军队全面实施改革强军战略，迈开了快速发展的步伐，赢得了迈向世界一流的主动。”

东部战区空军航空兵某旅飞行员于波与战友刚完成跨昼夜飞行训练。他说：“‘搏击长空心向党，飞行万里不迷航’。学习贯彻全会精神，首先要始终牢记为党奋飞的初心使命，努力锻造铁心向党、敢打必胜的决胜尖刀。”

全会提出，国防和军队现代化是中国式现代化的重要组成部分。必须坚持党对人民军队的绝对领导，深入实施改革强军战略，为如期实现建军一百年奋斗目标、基本实现国防和军队现代化提供有力保障。

“深化国防和军队改革是实现中国梦强军梦的时代要求，是强军兴军的必由之路，也是决定军队未来的关键一招。”军事航天部队某部、网络空间部队某部、信息支援部队某部官兵表示，全会就“完善人民军队领导管理体制机制”“深化联合作战体系改革”“深化跨军地改革”作出一系列重大战略部署，为深入实施改革强军战略绘就了壮阔而清晰的蓝图。

东部战区海军某驱逐舰支队丽水舰官兵利用任务间隙学习全会精神。“要完善人民军队领导管理体制机制，健全贯彻军委主席负责制的制度机制、深入推进政治建军是重中之重。”丽水舰干部刘伟说，“我们要坚决把党的政治优势和组织优势转化为制胜优势，练就全面过硬的胜战本领，努力扛起维护国家海洋权益的神圣职责使命。”

某高原驻训场战车轰鸣，铁流滚滚，陆军第 81 集团军某合成旅正在高原环境下检验装备极限效能。官兵在训练间隙围绕深入实施改革强军战略展开热烈讨论。“能够全面有效维护国家安全，要求我军基于网络信息体系的联合作战能力、全域作战能力有一个大的提升。”这个旅“松骨峰特功连”干部彭陈说，乘着改革强军的东风，连队建

★ 武警广西总队百色支队开展群众性练兵比武活动，官兵们进行自动步枪精度射击（2023 年 7 月 30 日摄）。（新华社发　唐明洋摄）

设插上了“数字化翅膀”，要继续树牢信息主导、数据赋能、体系制胜的新理念，练强信息化作战本领，把自己融入联合作战体系，成为未来战争的一只“铁拳”。

“深化国防和军队改革是一场攻坚战役，需要军队全力以赴，也需要全党全国大力支持。”浙江绍兴市柯桥区党委与人武部打造的“红色网上游”红色教育品牌已经坚持了近20年，近30万中小学生接受熏陶。柯桥区人武部干部表示，他们将继续以国防动员改革、国防教育主体职能转换为突破口，发挥军地桥梁作用，推动以青少年为重点的全民国防教育有序开展。

改革强军，要有运筹帷幄、决胜千里的布局与韬略，也要有抓铁有痕、踏石留印的气魄与担当。

“随着改革进入‘深水区’，我们将无法避免要面临一些难中之难、坚中之坚、硬仗中的硬仗，必须锚定目标，强化积极进取的担当精神，敢啃硬骨头、夺取新胜利。”联勤保障部队某部、武警吉林总队某机动支队官兵说。

空军某试训基地某部机务官兵结合岗位实践展开交流讨论。大家表示，党和人民把先进装备交到我们手里，一定要围绕新装备、新任务和新场景，抓好重难点问题的集智攻关和融合创新，把最好的飞机维护到最好，推动武器装备建设更上新台阶。

宏图已然绘就，号角已经吹响。全军官兵一致认为，学习好宣传好贯彻好党的二十届三中全会精神是当前和今后一个时期的重大政治任务，要切实把思想和行动统一到全会精神上来，把智慧和力量凝聚到落实全会作出的战略部署上来。要更加紧密地团结在以习近平同志为核心的党中央周围，坚持以习近平新时代中国特色社会主义思想为指导，深入贯彻习近平强军思想，深刻领悟“两个确立”的决定性意义，增强“四个意识”、坚定“四个自信”、做到“两个维护”，贯彻军委主席负责制，坚持党对人民军队的绝对领导，持续深化国防和军队改革，深入实施改革强军战略，全力以赴打好实现建军一百年奋斗目标攻坚战。

（新华社北京2024年7月24日电　新华社记者）

凝聚改革共识，展现新担当新作为

——各民主党派中央、全国工商联和无党派人士认真学习贯彻中共二十届三中全会精神

中共二十届三中全会是在以中国式现代化全面推进强国建设、民族复兴伟业关键时期召开的一次十分重要的会议。连日来，各民主党派中央、全国工商联和无党派人士认真学习贯彻全会精神。大家表示，要更加紧密地团结在以习近平同志为核心的中共中央周围，切实把思想和行动统一到中共中央决策部署上来，凝聚改革共识，在进一步全面深化改革、推进中国式现代化中展现新担当新作为。

民革中央在学习中表示，作为与中国共产党想在一起、站在一起、干在一起的亲密友党，民革要全面贯彻习近平新时代中国特色社会主义思想，把学习好贯彻好全会精神作为当前和今后一个时期的一项重大政治任务，毫不动摇坚持中国共产党的领导，充分发挥在社会法治、促进祖国和平统一、“三农”等参政议政重点领域的优势，围绕全会《决定》提出的改革任务积极建言献策，为进一步全面深化改革、推进中国式现代化贡献力量。

民盟中央在学习中表示，民盟将秉承对中国共产党紧密追随、坚决拥护的历史自觉，“奔走国是，关注民生”的优良传统，“出主意、

想办法，做好事、做实事”的务实作风，科学严谨、精益求精的专业态度，就推进中国式现代化需要破解的重大体制机制问题进行深入调查研究，提出具有前瞻性、战略性、可操作性的意见建议，履行好参政议政、民主监督职能，在进一步全面深化改革的伟大事业中切实担负起民盟的历史使命和担当。

民建中央在学习中表示，民建要把思想和行动统一到中共中央关于进一步全面深化改革的决策部署上来，凝聚改革共识，坚定改革信心，汇聚改革合力，紧密围绕进一步全面深化改革战略部署，发挥民建密切联系经济界的特色优势，把民建自身所长与中心大局所需结合起来，在履职尽责上展现新担当、实现新作为，更好把我国新型政党制度优势转化为国家治理效能，为以中国式现代化全面推进中华民族伟大复兴贡献智慧和力量。

民进中央在学习中表示，作为与中国共产党通力合作的中国特色社会主义参政党，在进一步全面深化改革、推进中国式现代化实践中，民进必将坚持接受中国共产党领导，围绕中心、服务大局，找准着力点，充分发挥民进在教育文化出版传媒领域的界别优势，以党和国家事业发展所需和人民群众迫切期待为导向，深入调查研究，积极建言献策，为凝聚全面深化改革共识、助力中共中央改革决策部署贯彻落实切实发挥参政党作用。

农工党中央在学习中表示，农工党将以饱满的政治热情和高度的政治责任感，组织农工党党员认真学习领会、深入贯彻落实中共中央关于进一步全面深化改革的总体部署、重点任务与重大举措，切实把思想和行动统一到全会精神上来，把智慧和力量凝聚到落实全会谋划和部署的各项改革任务中去，坚决做进一步全面深化改革的拥护者、践行者、推动者，为以中国式现代化全面推进强国建设、民族复兴伟业作出新的更大贡献。

致公党中央在学习中表示，新征程上，致公党要更加紧密地团结在以习近平同志为核心的中共中央周围，深入学习贯彻全会精神，坚定不移高举改革开放伟大旗帜，致力为公跟党走，侨海报国建新功，汇聚海内外全体中华儿女团结奋斗的智慧和力量，为进一步全面深化改革、推进中国式现代化建真言、谋良策，为全面建成社会主义现代化强国、实现第二个百年奋斗目标，以中国式现代化全面推进中华民族伟大复兴而不懈奋斗。

九三学社中央在学习中表示，九三学社要精心安排部署学习宣传贯彻活动，准确把握全会精神实质，切实把思想和行动统一到全会精神上来，以改革精神推进思想政治建设、组织建设、履职能力建设、作风建设、制度建设，努力营造共促改革的良好环境，围绕进一步全面深化改革的中心任务与重点领域，深入调查研究，积极建言献策，以实际行动支持改革、参与改革、推进改革，为改革大业和中国式现代化作出实实在在的贡献。

台盟中央在学习中表示，台盟要围绕助推中国式现代化凝心聚力，朝着强国建设、民族复兴的宏伟目标奋勇前进。台盟各级组织和广大盟员要全面贯彻落实新时代党解决台湾问题的总体方略，为台湾基层民众、青年群体参与乡村振兴、两岸交流合作提供更多便利条件，积极引导和协助台商台企融入国家新发展格局，为探索两岸融合发展架桥梁、献实策，调动所联系的台胞满腔热忱投入到中国式现代化建设中，共创民族复兴美好未来。

全国工商联在学习中表示，全国工商联将坚持和落实“两个毫不动摇”，进一步健全促进“两个健康”工作机制，紧紧围绕构建高水平社会主义市场经济体制、健全推动经济高质量发展体制机制、构建支持全面创新体制机制、完善中国特色社会主义法治体系等重大部署，更好发挥桥梁纽带和助手作用，把广大民营经济人士更加紧密地团结在党的周围，为全面建设社会主义现代化国家、全面推进中华民族伟大复兴贡献力量。

无党派人士在学习中表示，全会上承党的十八大以来新时代全面深化改革的方向思路，下启中国式现代化建设的崭新篇章，必将深刻改变中国、广泛影响世界。无党派人士将坚持以习近平新时代中国特色社会主义思想为根本遵循，坚定拥护“两个确立”、坚决做到“两个维护”，秉承与党同心、爱国为民、精诚合作、敬业奉献优良传统，发扬攻坚克难奋斗精神，积极投身改革创新一线，在奋进中国式现代化新征程上作出新贡献。

（新华社北京 2024 年 7 月 25 日电　新华社记者）

积极融入国家新一轮改革开放大潮

——中共二十届三中全会精神令港澳台同胞倍感振奋

中共二十届三中全会7月15日至18日在北京举行。会议审议通过了《中共中央关于进一步全面深化改革、推进中国式现代化的决定》。港澳社会各界和在大陆台商台胞深受鼓舞、倍感振奋，表示将积极把握国家发展新的重大机遇，更好融入国家发展大局和新一轮改革开放大潮，投身中国式现代化建设，共创中华民族伟大复兴伟业。

香港特区行政长官李家超表示，国家在全面深化改革的广度和深度上不断拓展，国家治理体系和治理能力现代化水平不断快速提高。中共二十届三中全会重点研究了进一步全面深化改革、推进中国式现代化问题，对香港有深刻影响。香港社会各界要把思想和行动统一到习近平总书记重要讲话精神和全会部署上来，发挥好“爱国者治港”的力量和价值，在国家进一步全面深化改革、推进中国式现代化的征程中履行香港责任、把握香港机遇、作出香港贡献。

澳门特区行政长官贺一诚表示，中共二十届三中全会的召开意义重大。当前和今后一个时期是以中国式现代化全面推进强国建设、民族复兴伟业的关键时期，没有新时代的全面深化改革，就不会有新时代的伟大成就。澳门特区政府将通过系列举措，团结带领社会各界，以习近平新时代中国特色社会主义思想为指导，进一步发挥“一国两制”的独特优势和国际合作平台作用，为以中国式现代化全面推进中华民族伟大复兴而努力奋斗。

积极把握国家改革开放的崭新机遇，是港澳社会一致共识。

多位港区、澳区全国人大代表和全国政协委员表示，中共二十届三中全会精神极大提振了港澳社会各界的信心。港澳积极投身国家新一轮改革开放大潮，更好服务国家所需，把握改革带来的发展机遇，前景无限。全国人大常委会委员李慧琼、澳区全国人大代表施家伦与何敬麟、澳区全国政协委员邱庭彪等认为，港澳要发挥与国际规则顺畅衔接等优势，对准国家部署发力，抓住机遇在新赛道上推动发展。

香港特区多个政团认为，中共二十届三中全会精神的贯彻落实将为香港工商界带来更广阔发展空间。香港经民联认为，中共二十届三中全会提出必须坚持对外开放基本国策，建设更高水平开放型经济新体制，这将带来黄金机遇，全面提振香港工商界和企业的投资信心。香港各界应主动对接国家重大战略，深入把握发展机遇，为全面建成现代化国家作出更大贡献。

全国港澳研究会顾问刘兆佳指出，国家进一步全面深化改革开放的举措，对香港经济发展和产业转型升级非常有利。可以预见，中共二十届三中全会精神将成为香港发展的重要推动力。在中央支持、指导和香港特区政府及社会各界同心谋改革、谋发展之下，香港明天必将更美好。

投身中国式现代化新征程，港澳各界人士表示港澳大有可为。

香港特区政府政务司司长陈国基表示，特区政府要坚持守正创新，全力发展经济、改善民生，继续推动香港更好融入国家发展大局，全方位带领香港在由治及兴康庄大道上勇毅前行，为国家以中国式现代化全面推进强国建设、民族复兴伟业作出新的更大贡献。

澳门特区立法会主席高开贤认为，澳门要坚持和完善“一国两制”，立足新发展阶段，一如既往发挥爱国爱澳情怀，围绕促进澳门经济适度多元发展，改革完善政策举措，以更有力举措参与粤港澳大湾区建设，助力国家构建一体化高水平开放体系。

澳门城市大学副校长叶桂平表示，澳门作为国家双循环新发展格局重要支点，应增强历史自觉、把握历史主动，抓住进一步全面深化改革带来的新机遇，积极参与横琴粤澳深度合作区建设，创新粤港澳大湾区合作发展机制，发挥“一中心、一平台、一基地”优势，积极助力推进中国式现代化。

聚焦高质量发展的首要任务，港澳各界认为应乘势而上、积极行动。

香港特区行政会议成员林健锋呼吁香港社会各界乘势而上，对接国家所需，发挥香港所长，例如将科研成果转化为新质生产力，以及用好专业服务协助内地及香港企业拓展东盟及中东等新兴市场，促进经济持续发展。

澳门中华总商会会长崔世昌说，澳门工商界要更好扮演内联外通的角色，为中国企业、中国品牌“走出去”提供便利，助力国家将外企外资“引进来”，并在加快形成新质生产力、助推创新驱动发展上展现新作为。

香港教育大学校长李子建对全会提出“教育、科技、人才是中国式现代化的基础性、战略性支撑”印象深刻，认为香港在高等教育领域应积极主动发挥作用，为国家作贡献。

香港初创企业朗思科技有限公司创始人许可认为，香港创科青年应积极参与国家重大科技项目，与内地科研机构紧密合作，推动科研成果产业化。香港应用好国际化优势，吸引和培养更多顶尖人才，为国家科技发展注入新活力。

支持深化改革、扩大开放，台商台胞对大陆发展充满信心。

苏州市台湾同胞投资企业协会执行会长钱永昌说，他和身边的台商朋友都高度关注中共二十届三中全会，习近平总书记关于全面深化改革重要论述让大家深受鼓舞。大家对大陆未来发展有了更清晰、积极的预期，扎根大陆发展的信心更足了。广大台企要把握重大机遇，与大陆企业携手合作、融合发展，加快提升创新能力，共赢未来。

厦门市台商投资企业协会会长韩萤焕说，他仔细阅读了中共二十届三中全会公报，倍感振奋。改革开放给台商带来实实在在的利好，大家对大陆未来发展充满信心与期待。在大陆台商台企应积极参与发展新质生产力，投入更大力量，发挥更多作用，实现更好发展。

期盼共享机遇、同创繁荣，台商台胞积极融入中国式现代化进程。

重庆市台湾同胞投资企业协会会长黄光志表示，继续深化改革、扩大开放将为包括台企在内的广大经营主体提供更公平、透明、可预期的市场环境和更坚实的制度保障。台商台企应紧跟政策导向，积极调整企业发展战略，推动在大陆投资兴业，参与两岸融合发展。两岸同胞共同努力，定能携手开创更美好的未来。

在大陆从事新媒体行业的台湾青年杨京儒说，推进中国式现代化为广大台湾青年提供了难得的时代机遇，希望更多台湾同胞特别是年轻人跨过海峡，来大陆追梦、筑梦、圆梦。

南京台湾青年创业学院副总经理韩鸣国表示，大陆发展前景广阔，将为台商台企提供更大发展动力，为台湾青年创造成长成才的更大舞台。台商台企要积极参与推动高质量发展，深度融入大陆产业链、供应链，在大陆实现新腾飞。大陆与台胞共享发展机遇的善意满满、举措连连，越来越多台胞渴望到大陆发展。期盼两岸同胞走近走亲、交心交融、互鉴互助，携手推进中国式现代化，共绘荣景、共享荣光。

（新华社北京2024年7月20日电　新华社作者）

第三部分

新机遇　新启迪
为实现人类共同发展
贡献中国智慧

国际社会普遍认为，中共二十届三中全会对进一步全面深化改革、为推进中国式现代化擘画蓝图具有重要深远意义，将给变乱交织的世界注入宝贵确定性，创造更多发展机遇，为促进人类共同发展繁荣注入更多中国动力。

扫码观看

重磅纪录片《领航新征程》

奋楫扬帆勇向前

——世界眼中的新时代中国改革开放

盛夏时节，世界的目光聚焦北京。党的二十届三中全会召开在即，中国的改革开放新程将启。

改革开放，是当代中国最显著特征、最壮丽气象。党的十八大以来，以习近平同志为核心的党中央在新的历史关头，以前所未有的决心和力度把改革开放推向前进，开创了以改革开放推动党和国家各项事业取得历史性成就、发生历史性变革的新局面。

新征程上，中国与世界分享机遇、彼此成就、携手同行。各国人士高度评价新时代中国改革开放的伟大成就，期待中国进一步全面深化改革、推进中国式现代化为世界带来合作共赢新机遇，为其他国家探索发展道路提供新借鉴，为创造人类文明新形态作出新贡献。

“中国是榜样，中国共产党是榜样”

路上奔驰的新能源汽车、四通八达的高速铁路网、随处可用的移动支付服务、一座又一座智慧城市……巴西公共政策学者米尔顿·波马尔近期到访中国，惊喜地看到科技创新带来的蓬勃发展。

波马尔研究中国发展问题近 30 年，著有《社会主义中国的成功》一书。他的最新观察是，中国近年来在各领域的体制机制改革激发了科技创新能力，汇聚了经济增长动能，有效助力高质量发展。“我期待看到中国改革开放的新举措，进一步推动中国式现代化进程。”

★ 一辆新能源汽车在重庆市江北区行驶（2023 年 7 月 20 日摄）。（新华社记者唐奕摄）

全面深化改革是推动高质量发展、推进中国式现代化的根本动力。十余年来，中国经济总量占世界经济的比重从12.3%上升到18%左右。中国对世界经济增长的贡献率近年来一直保持在30%左右，是全球发展的重要引擎。今年以来，中国经济继续呈现回升向好态势。国际货币基金组织、世界银行等国际机构近来纷纷上调今年中国经济增速预期。

美国库恩基金会主席罗伯特·库恩表示，中国正转向重视质量胜过数量的增长模式，强调以自主创新推动经济转型，实现传统产业改造升级和未来产业加速发展。“要了解中国下一阶段的全面深入经济改革，必须从思考新质生产力入手，理解它如何融入中国经济愿景和未来的宏大背景中。”

中国式现代化，民生为大。为了人民而改革，改革才有意义；依靠人民而改革，改革才有动力。让人民过上更好的日子，是全面深化改革的逻辑起点与价值旨归。建成世界上规模最大的教育体系、社会保障体系、医疗卫生体系，个人所得税改革惠及2.5亿人，推进农村“厕所革命”，探索城市垃圾分类……十多年来，2000多个改革方案涉及人民群众衣、食、住、行等各个环节，覆盖政治、经济、文化、社会、生态等各个领域。

“中国改革开放40多年的成就有目共睹。”日本经济学者和中清说，“特别是最近十年，从东南沿海到内陆地区，都取得了实实在在的进步。”2017年，和中清在日本创建“感动中国100”网站，展示中国民众的现实生活。“为了拍摄素材，我到访四川、云南、新疆等地，亲身感受到城乡贫富差距逐步缩小，民众生活和美殷实。”

改革开放，承载了中国共产党人民至上、实干兴邦、自我革命的政治气魄和历史担当。放眼世界，没有哪个国家和政党能在短时间内推动如此大范围、大规模、大力度的改革。

在南非独立传媒集团董事长伊克巴尔·瑟弗看来，中国构建以先进制造业为支撑的现代化产业体系，展现了中国共产党锐意改革的远见智慧和勇气魄力。“中国是榜样，中国共产党是榜样。”

俄罗斯科学院世界经济与国际关系研究所副所长亚历山大·洛马诺夫说，期待即将召开的中共二十届三中全会推出新的改革举措，“在中国共产党领导下，中国一定能实现现代化目标。”

“中国的改革开放是世界的发展机遇”

“我对海南自贸港政策非常感兴趣，希望借此深化两国合作，促成更多科特迪瓦产品进入中国市场。”在听讲解员介绍海南自贸港的特殊税收政策后，科特迪瓦驻华商务参赞高曼·库亚·贝尔丁捕捉到了中国开放的新机遇——科特迪瓦的腰果和可可原料进入海南可享受加

★ 海南自贸港重点园区——洋浦经济开发区（2023 年 12 月 31 日摄，无人机全景照片）。（新华社记者蒲晓旭摄）

工增值免关税政策。

4月下旬，来自15个国家的25名驻华大使、总领事和高级外交官赴海南参加“驻华使节地方行”活动。海南自贸港的建设进展和中国扩大开放的政策力度令他们印象深刻。白俄罗斯驻广州总领事安德烈·波波夫说：“我看到自贸港建设带来的经济成效，更感受到中国向世界展现出真正的开放和团结精神。”

对外开放是改革开放事业的重要组成部分，也是当代中国的鲜明标识。党的十八大以来，中国坚定推进高水平对外开放，实行更加积极主动的开放战略，提高开放型经济水平，完善对外开放体制机制。党的二十大报告提出，坚定奉行互利共赢的开放战略，不断以中国新发展为世界提供新机遇。

对于即将召开的中共二十届三中全会，法国中国问题专家、作家莱娅·贝西认为，进一步全面深化改革的中国将为包括法国在内的世界各国带来巨大机遇，对促进地区乃至全球发展繁荣起到积极作用。

如今，中国成为140多个国家和地区的主要贸易伙伴，货物贸易总额连续六年位居全球第一，近五年外商在华直接投资收益率约9%，在国际上处于较高水平。

深耕中国市场多年的德国西门子公司全球执行副总裁肖松说，随着改革开放不断深化，中国市场吸引更多企业参与形成良性竞争，产品和技术快速更新。“中国已成为最具创新力的前沿市场，西门子将以更快步伐拥抱中国市场的变化。”

泰国开泰银行高级副总裁蔡伟才高度评价中国近年来持续推动金融业高水平开放，由此吸引包括开泰银行在内的许多外资机构不断加大在华投入。“一个开放的中国市场不仅能推动中国实现高质量发展，对世界经济复苏也有重要意义。”

通过举办进博会、服贸会、消博会等国际展会，中国为各国搭建互利共赢的合作平台，与世界分享中国发展红利。在今年 4 月举行的第四届消博会上，有来自 71 个国家和地区的超过 4000 个品牌参展，超过 1000 件国内外新产品首发首秀。

“消博会为爱尔兰厂商提供了一个重要和直接的推广平台。”爱尔兰食品局驻华代表处主任苏礼文说，通过参展，发现中国消费者对中高端产品需求旺盛，对爱尔兰产品兴趣浓厚，中国市场潜力巨大。

在新的历史时期，中国的对外开放不仅继续“引进来”，而且更加注重“走出去”，形成更深层次更高水平的双向开放，致力于推动建设开放型世界经济，更好惠及各国人民。

共建“一带一路”正是中国高水平开放重大举措的鲜明例证。俄罗斯高等经济大学圣彼得堡分校副教授斯韦特兰娜·克里沃希表示，中国通过加强互联互通，践行包容发展理念，促进全球经济更加均衡地增长。在埃及中国问题专家、阿拉伯研究所学者哈迪尔·赛义德看来，中国通过共建“一带一路”等全球性倡议为世界各国带来更多机会和公共产品，“中国的改革开放是世界的发展机遇”。

“创造多样化的人类文明发展形态”

仲夏时节的北京大学，湖光塔影，绿树荫浓。6 月底，巴基斯坦博士生阿尔法·伊克巴尔与来自近 20 个国家的 30 多名毕业生一同参加了北京大学南南合作与发展学院的毕业典礼。

在中国的学习和生活让伊克巴尔深有感触：发展中国家正以更为自信的眼光看待自身发展潜力，探索适合本国国情的经济增长模式，“全球南方”国家携手合作。“这将是国际秩序重构的新趋势。”

★ 2023年11月10日，在肯尼亚姆洛隆戈，Kilimall员工在仓库内工作。Kilimall是在肯尼亚运营的主要电商平台之一，也是第一家在非洲设立海外仓并实现100%在线支付的中国电商平台。Kilimall涵盖电子交易、移动支付和跨境物流三大领域，服务近千万非洲用户。（新华社记者李亚辉摄）

长期以来，许多南方国家对现代化道路的理解被西方理论所禁锢。如今，将西方现代化模式视为唯一成功和正确发展道路的“西方中心论”，正受到越来越多质疑。

阿根廷社会学家马塞洛·罗德里格斯说，中国全面深化改革和扩大对外开放所取得的成就表明，现代化不等于西方化。“中国有别于西方，开辟了一条以人民福祉为中心、寻求各国互利共赢的现代化道路，这是对其他探索现代化道路国家的重要鼓舞。”他表示，即将召开的中共二十届三中全会将推出进一步全面深化改革的新举措，对中国式现代化道路作出新规划，“这将为我们研究者提供新的研究范例”。

肯尼亚非洲政策研究所中非中心执行主任丹尼斯·穆内内也表示，中国改革开放所取得的成就“正激励着非洲各国在‘非洲复兴’的口号下独立探索一条可持续发展的现代化道路”。

当前，“全球南方”国家正迎来新一轮觉醒，独立自主谋发展的意识空前强烈。与此同时，“逆全球化”和保护主义思潮涌动，阵营对抗和单边主义沉渣泛起，贫富差距和南北鸿沟不断扩大。在国际上一些有识之士看来，中国在改革开放征程中的历史性成就和变革性实践对于探索人类社会前进方向、丰富人类文明形态具有重要意义。

美国哥伦比亚大学新闻学教授霍华德·弗伦奇近日在美国《外交政策》双月刊网站发表文章，提到中国改革开放以来发生的巨大变化时感慨:“还有多少其他(历史)事件对如此广泛的人群产生了积极影响?”这位曾长期在华工作生活的前《纽约时报》记者在文中引用一个观点作答:改革开放开启的中国经济腾飞“是对全人类具有重要意义的事件，可以与文艺复兴、启蒙运动和工业革命相提并论，是过去一千年中最具影响力的现象之一”。

新加坡时政评论员翁德生认为，中国进一步全面深化改革、推动中国式现代化不仅为全世界提供了一条有借鉴意义的发展路径，更有助于推动形成更加公平合理的国际秩序。卢旺达国际关系和外交事务专家约瑟夫·穆塔博巴也表示，中国的发展道路“为别国提供了新的借鉴，丰富了我们对人类社会发展的认识，有利于创造多样化的人类文明发展形态”。

命运与共行大道，携手同行向未来。世界期待，即将召开的党的二十届三中全会将擘画中国进一步全面深化改革开放的新蓝图，谱写中国与世界各国在现代化道路上并肩奋进的新篇章。站在改革开放新的历史起点上，中国将与各国一道，向着构建人类命运共同体的光明前程进发。

（新华社北京 2024 年 7 月 11 日电　新华社记者刘品然、刘赞、朱瑞卿）

创造发展机遇　促进共同繁荣

——中共二十届三中全会牵动世界目光

“人类的未来很大程度上取决于中国。”7 月 4 日，联合国秘书长古特雷斯在哈萨克斯坦阿斯塔纳同国家主席习近平会见时说。

今日之中国，与世界紧密相连、深度融合。即将召开的中国共产党第二十届中央委员会第三次全体会议举世瞩目，成为世界观察新时代中国推动高质量发展和高水平开放的重要窗口。

国际社会普遍认为，中共二十届三中全会对进一步全面深化改革、为推进中国式现代化擘画蓝图具有重要深远意义，将给变乱交织的世界注入宝贵确定性，创造更多发展机遇，为促进人类共同发展繁荣注入更多中国动力。

中国全面深化改革的决心、深度、广度前所未有

“近年中国最受期待的会议之一。”美国战略与国际问题研究中心在其 7 月下旬一场研讨会预告中，这样谈到即将召开的中共二十届三中全会。

彭博社发表题为《为什么中国的三中全会对全球投资者很重要》的

文章指出："在中国定期举行的会议中，三中全会因其对世界第二大经济体的潜在影响而显得格外突出。"

英国广播公司网站报道，三中全会在中共历史上具有特殊意义。改革开放以来，历届三中全会聚焦经济改革，往往对中国的发展起到重要作用。三中全会往往承载着制定出台重大经济改革政策的预期。

随着中共二十届三中全会临近，国际舆论对这次会议的关注度持续升温。接受新华社记者采访的国际人士普遍预期，中共二十届三中全会将展现中国继续推进改革开放的坚定决心，开启中国式现代化的时代新篇。

"三中全会总是非常重要，因为它规划中国的未来发展。"德国黑森州欧洲及国际事务司前司长、中国问题专家米夏埃尔·博尔希曼（中文名：博喜文）说，"当今世界形势并不稳定，中国经济也面临挑战，这次会议对于中国乃至全球发展具有重要意义。"

★ 2024 年 5 月 30 日，一列动车组列车行驶在郑州东站附近的线路上。（新华社发）

今年以来，他多次同造访欧洲的中国商务代表团交流，对中国企业的创新活力和积极进取印象深刻。博喜文认为，中国式现代化与过去几个世纪的西方现代化进程不同，“中国政府对这个拥有如此多人口、如此巨大的国家发展经济充满责任感，总是在想方设法让国家经济能适应未来挑战”。

美国金瑞基金公司高级投资策略师鄢鸿博说，中国正在进行重大的经济结构转型升级，数字化、创新、中产阶层规模的壮大等驱动了中国过去十年的发展，相信即将召开的中共二十届三中全会将为推动中国进一步全面深化改革提供重要指引。

鄢鸿博认为，进一步全面深化改革将有助于中国“继续提供世界最佳的增长前景”，释放更多生产力，为可持续发展铺平道路，同时“为国际企业和投资者带来机遇，进而强化中国作为全球经济增长关键驱动力的角色”。

柬埔寨皇家科学院国际关系研究所所长金平长期研究中国发展模式。他说，中共二十届三中全会将重点研究进一步全面深化改革、推进中国式现代化问题，将再一次展现“中国共产党带领中国人民实现现代化的决心”。

金平说，中国通过全面深化改革，推进国家治理体系现代化，加快构建新发展格局，展现了“国家发展、技术革命和产业转型的独特模式”，使中国经济发展更加强劲、更有韧性，促进了地区和世界的包容性增长和可持续发展。

“不仅事关中国前途命运，也影响世界未来发展”

改革开放是中国与世界的“双向奔赴”。国际人士在接受新华社记者采访时普遍期待中共二十届三中全会带来更多鼓励创新发展、激发市场活力、优化营商环境的好消息，期待中国通过持续推进高质量发展和高水平开放，让世界共享中国机遇、实现互利共赢。

“中共二十届三中全会不仅事关中国前途命运，也影响世界未来发展，因而成为世界瞩目焦点。”斯里兰卡国际问题专家亚西鲁·拉纳拉贾说，他非常关注增强创新能力、改善营商环境以及培育更具包容性和平衡性的经济增长模式等话题。

“国家和市场虽然有大有小，但发展是世界各国的共同追求，中国全面深化改革推动高质量发展的经验将让世界受益。我相信‘中国好，世界会更好’的逻辑，期待中国为世界发展继续作出独特贡献。中国好，世界好，我们才会好。”拉纳拉贾说。

“要了解中国下一阶段的全面深入经济改革，必须从思考新质生产力入手，理解它如何融入中国经济愿景和未来的宏大背景中。”作为中国问题专家和中国改革友谊奖章获得者，美国库恩基金会主席罗伯特·劳伦斯·库恩密切关注中共二十届三中全会如何规划以培育新质生产力推动高质量发展。

库恩认为，作为全球第一贸易大国，“中国的经济改革政策影响整个世界，地球上几乎每个人都直接或间接地受到中国经济的影响”，而“三中全会的重要成果将是其展现出的宏大愿景和政策指令的全面性”。

智利圣地亚哥大学经济学家玛塞拉·贝拉期待中共二十届三中全会释放更多科技领域的新政策新信息，不断推动人工智能、清洁能源等新技术领域的发展，同时大力推进数字基础设施建设，为中国与世界构建数字化社会创造条件、注入动力。

“三中全会是决定未来中国经济政治等领域关键政策的会议，对于中国继续推进现代化发展和产业升级具有重要意义。”贝拉还注意到，近年来，中国新能源汽车进入拉美国家，比亚迪、宇通和福田电动公交车在智利首都圣地亚哥运行，为当地民众提供了低碳、便捷、智能的出行方案。她特别关注中国供给侧改革以及贸易促进政策，认为“这不仅将造福中国消费者，还将确保中国未来经济发展充满动力，并向世界提供发展必需的重要产品”。

“从智能制造、5G、物联网，到可持续低碳农业、清洁能源，中国进一步深化改革、扩大开放，推动前沿技术的交流与共享。”巴西

★ 2024 年 7 月 11 日拍摄的张家口市万全区安家堡乡贾贤庄村附近荒山上的光伏发电场（无人机照片）。（新华社记者杨世尧摄）

商业领袖组织中国区首席执行官小若泽·里卡多·卢斯说，“世界正在从中国创新、协调、绿色、开放、共享的新发展理念中受益。”

“如今全世界都知道通往现代化的道路不止一条”

“一百年前，甚至五十年前，许多人认为中国需要走与西方相同的道路。但如今全世界都知道通往现代化的道路不止一条。”波黑中国友好协会会长、波黑“一带一路”促进与发展中心主任法鲁克·博里奇说。

博里奇认为，中共二十届三中全会将展现中国共产党以更大的勇气和魄力加速推进改革开放，“充满活力而独具特色的中国式现代化道路”为全球发展树立榜样，将助力推动构建一个共同发展繁荣的世界。

“观察中国式现代化如何持续推进，以及我们西方可以从中学到什么，都将非常有启发。”德国联邦经济发展和对外贸易协会主席米夏埃尔·舒曼同样十分期待中共二十届三中全会召开。

“从 14 年前访问中国开始，我就在观察中国的现代化，这是一个持续推进、十分成功的进程。”舒曼说，“相信中国继续推进中国式现代化不仅将促进中国自身发展，同时也将激励其他‘全球南方’国家，最终使全球发展受益。”

“中国的改革和发展影响整个世界。”巴西政治经济学家、圣保罗州立大学经济与国际研究所协调人马科斯·皮雷斯说，中国紧紧围绕推进中国式现代化进一步全面深化改革，对于全球经济社会发展意义重大。

“中国的高质量发展将造福发展中国家，从而进一步塑造‘全球南方’。”皮雷斯说，“更重要的是，新时代中国全面深化改革，提出

★ 2024 年 4 月 24 日，首届“中国－拉美和加勒比国家航天合作论坛”在湖北武汉开幕。（新华社记者肖艺九摄）

新发展理念，提升、重塑了‘全球南方’国家对于现代化的思想认知。”

“中国改革开放的成功实践，是为世界发展指明方向、提供启迪的北极星。”南非独立传媒集团董事长伊克巴尔·瑟弗过去 15 年 20 多次访问中国，见证了中国经济社会发展的历史性成就。

瑟弗说，在探寻自身发展道路方面，中国是一个非常好的榜样，因此中共二十届三中全会谋划进一步全面深化改革举措，不仅将为中国未来发展指明方向，对非洲国家也意义重大，值得南非和其他非洲国家学习借鉴。

安哥拉天主教大学经济学家卡洛斯·卡瓦略指出，“凡是对中国经济有益的改革，对整个世界也是有利的”，相信中国经济将更加开放，非洲国家希望在中国的帮助下得以实现工业现代化，实现非中经济共同发展繁荣。

“中国式现代化的实践向世界表明，现代化并不只有西方模式，每个国家都可以根据自身历史、文化和经济发展实际情况，找到适合自己的发展道路。中国式现代化注重国情，强调自力更生和自主创新，丰富了世界现代化的内涵与路径，对‘全球南方’国家极具参考价值。”叙利亚政治分析人士乌萨玛·达努拉说，“期待三中全会进一步丰富中国式现代化的理论和实践，为解决全球性问题、实现全人类共同发展贡献更多中国智慧。”

（新华社北京2024年7月14日电　综合新华社驻外记者报道，执笔记者：常天童、杨威）

为世界提供更多启迪和机遇

——海外人士盛赞习近平引领新时代中国进一步全面深化改革

“中国的改革促成了当代人类历史上最伟大的经济转型，甚至也堪称是迄今全部人类历史上最伟大的经济转型。”英国学者马丁·雅克说。

“要了解中国下一阶段的全面深化改革，可以从习近平对中国的思考入手。”美国库恩基金会主席罗伯特·劳伦斯·库恩说。

改革开放是中国和世界共同发展进步的伟大历程。海外人士普遍认同习近平关于改革开放的重要论述——“中国进行改革开放，顺应了中国人民要发展、要创新、要美好生活的历史要求，契合了世界各国人民要发展、要合作、要和平生活的时代潮流。”“改革开放这场中国的第二次革命，不仅深刻改变了中国，也深刻影响了世界！”

中共二十届三中全会召开，世界瞩望中国进一步全面深化改革、推进中国式现代化给各国共同发展和人类文明进步带来更多机遇，为建设和平、稳定、繁荣、更加美好的世界提供更多启迪。

“展现出强大勇气和领导力”

“容易的、皆大欢喜的改革已经完成了，好吃的肉都吃掉了，剩下

★ 这是 2024 年 6 月 13 日拍摄的黄河宁夏段滨河大道（无人机照片）。近年来，宁夏努力建设黄河流域生态保护和高质量发展先行区，全力打好黄河保护持久战。（新华社记者王鹏摄）

的都是难啃的硬骨头。这就要求我们胆子要大、步子要稳。”习近平主席在接受俄罗斯电视台专访时的这一论述给韩国全球战略合作研究院院长黄载皓留下深刻印象。他说，改革是由问题倒逼产生，又在不断解决问题中得以深化。面对新型矛盾、改革难题，习近平设定正确的前进方向，同时展现出坚定信心。

海外人士评价，在中国全面深化改革的征程上，习近平主席勇毅担当高举改革大旗，科学谋划为改革掌舵领航，笃行实干成就中国式现代化新路。“习近平的远见很好地应对了挑战。在改革道路上，他带领中国迈向发展新阶段。”尼日利亚中国研究中心主任查尔斯·奥努纳伊朱说。

十年多来，习近平总书记亲自挂帅中央全面深化改革委员会（领导小组），主持召开 72 次中央深改领导小组和中央深改委会议，部署了一系列重大改革事项，指引各方面出台 3000 多项改革方案，覆盖经济、政治、文化、社会、生态文明、党的建设、国防和军队等各个领域。

加纳智库非中政策咨询中心执行主任保罗·弗林蓬表示，“习近平引领的改革涵盖领域广泛、内容深刻，及时、有力回应了中国在新时代面临的内外部挑战”。

“习近平是通过实干来领导的。”约旦侯赛因·本·塔拉勒大学教授哈桑·达贾说，习近平亲自领衔、部署一系列重大改革事项，“他认真审阅重大改革方案的每一稿，甚至逐字逐句亲笔修改”。这样的实干精神，令达贾钦佩。

十年多来，中国的改革在各个领域扎实推进、不断突破，许多领域实现历史性变革、系统性重塑、整体性重构。

联合国前副秘书长埃里克·索尔海姆高度评价中国在推动生态环境治理和经济协调发展方面取得的成就：“中国已成为全球绿色发展的中坚，其他任何国家想在没有中国参与的情况下实现绿色发展，都将付出更多时间、更大代价。”

俄罗斯国家杜马（议会下院）国际事务委员会第一副主席德米特里·诺维科夫长期深入研究中国共产党执政理念与实践。他说，每次访华都给他留下深刻印象，新的城市街区不断发展，工业园区加快建设，越来越多高速交通线路正在铺设。“习近平担任党和国家最高领导人以来，中国在全面深化改革的旗帜下不断前进。”

达贾表示，过去短短几年间，中国民众的生活水平得到明显改善，这正是深化改革的成果。“习近平展现出强大的勇气和领导力，坚决应对挑战并在改革道路上前进。”

“为世界前进提供了新的思路，带来了新的启迪”

“习近平具有战略眼光，他为全面深化改革构建了一套独特而科学的方法论，这是改革成功的关键。”新加坡时政评论员翁德生说。

海外人士认为，中国的改革举措和现代化发展道路为世界，尤其是广大发展中国家提供了启示和范例，其中蕴含的理念和智慧值得各国改革者学习借鉴。

索尔海姆说，习近平主席的智慧体现在对中国发展全局的把握上。从推动生态治理到倡导高质量发展，从铁腕反腐到脱贫攻坚，再到提出推动科技创新和发展新质生产力，“这些思想为驱动中国发展提供了不竭动力”。

德国联邦经济发展和对外贸易协会主席米夏埃尔·舒曼非常关注新质生产力这一概念。在他看来，这涉及人工智能和数字基础设施，核心是以此来改善人们的生活。“我们正在深入研究，观察中国式现代化将如何继续发展，以及西方可以从中学到什么。”

★ 这是贵州省黔西市新仁苗族乡化屋村麻窝寨易地搬迁集中安置点（2021 年 7 月 24 日摄，无人机照片）。（新华社记者杨文斌摄）

古巴哈瓦那大学国际经济研究中心资深研究员路易斯·费尔南德斯认为，习近平主席阐述和提出的改革理念是正确的，因为这些理念坚持以人民为中心，并且基于对全球经济整体环境和国际政治经济关系复杂性的科学分析。

“抓改革、促发展，归根到底就是为了让人民过上更好的日子”“中国式现代化，民生为大”“老百姓关心什么、期盼什么，改革就要抓住什么、推进什么，通过改革给人民群众带来更多获得感”……海外人士尤其注意到，在引领新时代中国全面深化改革过程中，人民始终在习近平主席心中居于最重要的位置。

坦桑尼亚达累斯萨拉姆大学中国研究中心主任汉弗莱·莫西表达了对习近平主席“为了人民无私奉献”的感动与钦佩。他说：“习近平主席始终坚持‘以人民为中心’，推动一系列改革措施，旨在提升人民生活水平，改善民生。从精准扶贫到全面小康，从教育改革到医疗保障，他所指引推动的政策切实回应了人民的需求，展现了对人民的深厚情怀和责任担当。”

“以人民为中心，体现在公平正义的制度安排上，体现在真抓实干的务实作风上。”柬埔寨柬中关系发展学会会长谢莫尼勒说，这让人民既成为改革的实践者，又成为改革的受益者，打通了中国快速发展的脉络，推动改革开放不断走向深入。

“习近平懂得用心、用思想来回应人民需求。他发起的改革是成功的，这些改革符合人民的利益，因而获得人民的认同。”诺维科夫说，中国的领导者“牢记来自人民、为人民服务”，这是中国与西方国家的一个重要区别。

“习近平心中的人民，不仅是中国人民，也是世界人民。”中国改革友谊奖章获得者、英国 48 家集团俱乐部名誉主席斯蒂芬·佩里感慨，习近平深刻认识和理解辩证法与矛盾论，并将马克思主义与中国实际相结合，找到了适合中国发展的道路。在世界迷失的时刻，这条道路为世界前进提供了新的思路，带来了新的启迪。

十年多来，伴随着全面深化改革在广度和深度上不断拓展，中国特色社会主义制度更加成熟，国家治理体系和治理能力现代化水平不断提高，中国式现代化展现出光明前景。

斯里兰卡国际问题专家亚西鲁·拉纳拉贾说："在习近平领导下，中国式现代化在减贫、科技创新以及绿色可持续发展等领域都为世界创造了新范式。"智利前驻华大使费尔南多·雷耶斯·马塔表示，"中国式现代化是非常深刻、有力的概念，它改变了现代化的范式"，在全球南方国家中引发了广泛回响。

"为推动解决人类重大问题提供愿景和规划"

"启运！"7 月初，习近平主席访问哈萨克斯坦期间，同哈总统托卡耶夫以视频方式共同出席了中欧跨里海直达快运开通仪式。11 年前，正是在哈萨克斯坦，习近平主席首次提出共建"丝绸之路经济带"倡议。如今，已有 150 多个国家、30 多个国际组织签署共建"一带一路"合作文件。

印度尼西亚人民协商会议主席班邦·苏萨蒂约说，习近平主席提出共建"一带一路"倡议，将世界不同地区通过供应链连接起来，这样的构想令人叹为观止。

海外人士认为，习近平主席提出推动构建人类命运共同体理念，提出共建"一带一路"、全球发展倡议、全球安全倡议、全球文明倡议、共商共建共享的全球治理观等一系列重要倡议和理念，为积极应对全

★ 2024 年 6 月 26 日拍摄的位于江苏省连云港市连云区的上合组织（连云港）国际物流园内的中国外运集装箱场站（无人机照片）。上合组织（连云港）国际物流园是连云港建设“一带一路”交汇点强支点和上合组织国家出海基地的重要平台载体。（新华社记者季春鹏摄）

★ 2024 年 4 月 17 日，在印度尼西亚雅加达哈利姆站站台，乘客和一列雅万高铁高速动车组合影。（新华社记者徐钦摄）

球性挑战贡献了中国智慧、提供了中国方案，为推动人类文明进步、创造人类文明新形态绘就了恢弘蓝图。

“习近平是一位为推动解决人类面临的重大问题提供愿景和规划的大国领导人。”英国国际关系专家基思·贝内特这样评价。

厄瓜多尔前总统吉列尔莫·拉索说，世界正面临多重机遇与挑战，只有增强“命运与共”意识，才能增进全人类共同福祉。中国提出全球发展倡议、全球安全倡议、全球文明倡议，展现了负责任大国的担当，为各国进行平等对话、实现和平发展提供了启迪。“习近平主席提出的构建人类命运共同体理念为世界探索自由与和平的发展道路指明了方向。”拉索说。

马来西亚新亚洲战略研究中心理事长许庆琦说，二战结束后，西方逐步建立并主导了全球治理体系，目的是维护西方自身利益。所有国家必须追随西方，否则就会被西方视为对立面。相比之下，中国提出的构建人类命运共同体理念是包容的。“这一理念超越了国家层面，是从全人类的高度处理国际体系。”许庆琦说。

全球化概念首倡者之一的英国社会学家马丁·阿尔布劳高度评价习近平主席提出的构建人类命运共同体理念以及为此进行的理论探索。他说，构建人类命运共同体理念融合了古老的中国智慧，全球的美好未来需要全世界人民共同努力，期待中国在这方面发挥带头作用。

（新华社北京2024年7月17日电　新华社记者柳丝、杜鹃）

为书写中国式现代化时代新篇作出更大贡献

——党的二十届三中全会胜利举行激励海外中华儿女同心奋进

中国共产党第二十届中央委员会第三次全体会议7月15日至18日在北京举行。全会审议通过《中共中央关于进一步全面深化改革、推进中国式现代化的决定》（以下简称“《决定》”），对进一步全面深化改革做出系统部署。

海外中华儿女纷纷表示，在以中国式现代化全面推进强国建设、民族复兴伟业的关键时期举行这次会议意义重大、影响深远，《决定》科学谋划了进一步全面深化改革的重大举措，令身在海外的他们深受鼓舞、倍感振奋。新时代新征程上，他们将在各自岗位上继续奋勇拼搏、开拓创新，为书写中国式现代化时代新篇作出更大贡献。

“改革开放新的里程碑”

“全会的举行牵动着我们海外华侨华人的目光。”连日来，英国福建社团联合总会主席李光喜通过互联网持续关注全会相关报道。他说，全会做出的重要部署体现了中国进一步全面深化改革、推进中国式现

★ 2023 年 1 月 10 日，从上海虹口区北外滩空中俯瞰中国（上海）自由贸易试验区陆家嘴片区（无人机全景照片）。（新华社记者方喆摄）

代化的坚定决心。近年来中国经济展现强大韧性，这得益于中国不断深化改革、推进高质量发展。相信在中国共产党坚强领导下，中国一定能够实现改革发展目标，为世界带来更多发展机遇。

“此次全会的胜利举行是中国改革开放新的里程碑。”土耳其中国和平统一促进会会长陈伟在认真研读全会公报后说，全会审议通过的《决定》明确了进一步全面深化改革的总目标，全面部署各领域各方面的改革。此次会议对以中国式现代化全面推进强国建设、民族复兴伟业具有重大而深远的意义。“我们海外华侨华人对未来充满期待。祖国走向富强，我们更有底气。”

俄罗斯国立人文大学孔子学院中方院长张瑞说，全会为进一步全面深化改革、推进中国式现代化提出了明确的奋斗目标和清晰的实现路径。“全会必将对中国当前和今后一个时期各方面发展产生重大而深远的影响，我们海外工作人员是中国伟大发展奇迹的见证者，同时也要成为参与者和贡献者。当前国际形势纷繁复杂，旅俄华侨华人热切期盼祖国迈向更加美好的未来。”

澳大利亚全澳中国和平统一促进同盟主席钱启国说，《决定》共提出 300 多项重要改革举措，对中国乃至世界未来发展都将产生重要影响。“改革举措中的许多内容令人耳目一新。我们相信在中国共产党坚强领导下，进一步全面深化改革的战略部署定会转化为推进中国式现代化的强大力量，中华民族伟大复兴的目标一定会实现。”

日本杏林大学综合政策学部暨研究生院教授刘迪非常关注《决定》对党的领导和党的建设制度改革的部署。他说，拥有一个坚强、具有高度社会凝聚力的执政党，能够有效动员社会资源服务国家现代化建设，在当前世界充满不确定性的国际背景下，这一点显得愈发重要。

“对中国式现代化发展前景充满信心”

构建高水平社会主义市场经济体制，健全推动经济高质量发展体制机制，构建支持全面创新体制机制，健全宏观经济治理体系，完善城乡融合发展体制机制，完善高水平对外开放体制机制……海外中华儿女高度关注全会对进一步全面深化改革做出的系统部署。

“全会和《决定》将对推进中国式现代化产生深远影响。”持续关注全会进程的美国俄勒冈州中国理事会主席蓝进说，他特别赞同旨在“激发全社会内生动力和创新活力”的改革举措，认为《决定》提出的重要改革举措必将有力推动高质量发展，促进社会公平正义，增进人民福祉，助力实现共同富裕。他同时认为，中国大力发展新质生产力，必将进一步提高中国经济的韧性和创新力。

泰国国立法政大学比里·帕侬荣国际学院中国研究专业讲师兼顾问李鸿飞对“构建高水平社会主义市场经济体制”“健全推动经济高质

量发展体制机制”“完善高水平对外开放体制机制”特别关注，认为这对提升中国在国际上的竞争力、推动经济全球化具有重要积极意义。“作为一名在海外的教师，我将向学生们讲授中国市场经济的发展历程，让他们了解中国经济的活力和潜力，认识到推进中国式现代化不仅惠及中国，也惠及世界。”

匈牙利中东欧中医药学会会长、天津海外联谊会荣誉会长陈震说，全会明确了“完善推动高质量发展激励约束机制”“健全因地制宜发展新质生产力体制机制”等重点任务，“这充分体现了中国共产党对加快发展新质生产力、持续推动高质量发展的重视”。“当前中匈关系进入历史最好时期，驶入‘黄金航道’，中国对外开放水平越来越高，影响力越来越大，这让我们海外华人对中国式现代化建设前景充满信心。”

★ 2023 年 6 月 10 日，工人在巴基斯坦开伯尔－普什图省的苏吉吉纳里水电站吊装最后一台机组转子。中企承建的苏吉吉纳里水电站是中巴经济走廊优先实施的重点项目之一。新华社发（中国能建葛洲坝海投公司供图）

巴西中国和平统一促进会会长张小春和同事们一起研读了全会公报。他说，改革开放取得伟大成就，海外中华儿女有目共睹、深受惠泽。进一步全面深化改革将使中国拥有更加美好的未来，也会让身居海外的他们获得更好的事业发展。张小春特别赞同“完善高水平对外开放体制机制”，认为这有助于进一步促进中外经贸合作。他说，在巴侨胞希望为中巴企业“双向奔赴”、开拓市场牵线搭桥。“我将继续尽己所能，向巴西朋友介绍中国式现代化建设经验，全力推动中巴经济、政治、文化等领域合作。”

阿根廷布宜诺斯艾利斯大学孔子学院中方院长张奇特别关注全会提出的“教育、科技、人才是中国式现代化的基础性、战略性支撑”。作为中华文化的传播者，张奇表示自己将再接再厉，促进中阿、中拉学者在文化、学术和科技等领域交流合作，为增进双方人民相互了解和友谊贡献力量。

马来西亚拉曼大学孔子学院中方院长马应心说，全会在文化、教育领域的重要部署，为海外教育工作者的未来工作指明了方向。“我们孔子学院教职人员将认真学习全会精神，积极响应全会号召，通过教育和文化活动推广中国文化，促进中外文化交流互鉴和民心相通。”

“为中华民族伟大复兴贡献力量”

海外中华儿女纷纷表示，此次全会擘画进一步全面深化改革战略举措。他们将接续奋斗，为以中国式现代化全面推进中华民族伟大复兴贡献智慧和力量。

“我们要奋力拼搏，为将全会擘画的宏伟蓝图变为现实贡献自己的力量。”中国有色集团中色非洲矿业有限公司董事长李占炎说，目前公司正致力于将其在赞比亚建设的“数字化矿山”打造成为非洲地区“安全、绿色、高效”的标杆矿山。“我们将坚持深化改革创新，促进数字创新、绿色发展，加快形成新质生产力。”

中能建国际集团巴基斯坦分公司总经理王辉华说，中国能源建设集团在巴员工认真学习了全会公报。近年来，集团积极参与巴基斯坦能源电力和基础设施建设，在当地打造了一批代表性工程。“作为高质量共建‘一带一路’的参与者，我们决心以高质量、高标准建设好各项工程，为中巴经济走廊发展作出新贡献。”

中国第 23 批援吉布提医疗队队长王银珍说，秉持“不畏艰苦、甘于奉献、救死扶伤、大爱无疆”精神，医疗队队员为许多非洲患者解除病患，让当地民众感受到中医的独特之处。此次全会提出要“增强文化自信”“传承中华优秀传统文化”，“我们将不忘初心、砥砺前行，让中医之光闪耀在非洲大陆，为构建人类卫生健康共同体贡献中国力量”。

“我们深知自己肩负着联通中外的重要责任。”中国援建黎巴嫩国家高等音乐学院项目技术工程师陶晓腾说，全会提出要优化区域开放布局，完善推进高质量共建“一带一路”机制，这进一步激发了海外建设者为中国式现代化建设添砖加瓦的干劲和动力。“共建‘一带一路’搭建起经济合作的桥梁，也是促进文化交流的纽带。作为项目参与者，我们将继续通过高质量建设让世界了解中国，感受中国式现代化的独特魅力，继续为祖国发展、为中华民族伟大复兴贡献自己的力量。”

（新华社北京 2024 年 7 月 21 日电　综合新华社驻外记者报道，执笔记者：何梦舒、王雅楠、刘秀玲）

为现代化开辟广阔前景　为共同发展开创共赢通途

——世界瞩望中共二十届三中全会擘画的改革开放新蓝图

举世瞩目的中国共产党第二十届中央委员会第三次全体会议7月15日至18日在北京举行。会议审议通过《中共中央关于进一步全面深化改革、推进中国式现代化的决定》（以下简称“《决定》”）。

这次全会紧紧围绕推进中国式现代化这个主题擘画进一步全面深化改革战略举措，向世界释放新时代中国坚定不移高举改革开放旗帜的强烈信号。多国人士表示，中共二十届三中全会对中国和世界都具有深远意义，既为推动中国式现代化规划前进路径，也为促进中国与世界共同发展注入澎湃动力。

继往开来　影响深远

“在中国改革开放的历史进程中，中共二十届三中全会注定是一次里程碑式的会议，确定了未来中国政治、经济等重要领域的关键政策，为中国发展和完善中国特色社会主义制度，进一步全面深化改革、推进中国式现代化指明了道路和方向。”老挝资深外交官西昆·本伟莱在反复阅读全会公报后对新华社记者说。

巴西政治经济学家马科斯·皮雷斯说："中国式现代化是走和平发展道路的现代化。习近平主席提出的构建人类命运共同体理念也为世界探索和平发展之路指明了前行方向。"

全会明确了进一步全面深化改革的总目标。全会强调，进一步全面深化改革要总结和运用改革开放以来特别是新时代全面深化改革的宝贵经验，贯彻坚持党的全面领导、坚持以人民为中心、坚持守正创新、坚持以制度建设为主线、坚持全面依法治国、坚持系统观念等原则。

"这次三中全会科学谋划了围绕中国式现代化进一步全面深化改革的总体部署。"泰国国家发展管理研究生院副教授李仁良说，"从全会释放的信息看，中国的发展方向具有高度的确定性和连贯性，是中国经济社会建设不断取得新成就的重要保障。"

★ 2024 年 7 月 3 日在长安汽车重庆两江工厂总装车间拍摄的智能化生产作业现场。（新华社记者王全超摄）

在英国48家集团俱乐部名誉主席斯蒂芬·佩里看来，中国是有能力将短期、中期和长期目标统筹兼顾的国家，这在世界上并不多见。

“中国政策的优势一直在于战略远见和发展规划。”德国联邦经济发展和对外贸易协会主席米夏埃尔·舒曼对全会确定的中国全面建成高水平社会主义市场经济体制的“时间表和路线图”印象深刻。

韩国韩中城市友好协会会长权起植认为，全会的重要意义不仅在于中国聚焦深化改革、为推动高质量发展绘制蓝图，也在于倡导构建人类命运共同体理念、进一步扩大开放、促进合作共赢，在纷繁复杂的国际局势中为世界发展注入信心和动力。

“全会的影响力是超越国界的。”阿拉伯－中国友好协会联合会执行主任阿里·优素福说，“一个稳定繁荣的中国有利于全球的和平与发展。”

★ 2024年6月28日在南昌拍摄的“江中药谷”液体制剂车间厂房房顶上的光伏板。（新华社记者杜潇逸摄）

“中国的发展成就向世界证明，无需照搬西方国家发展模式，从中国的实际出发，完全可以走出一条光明的现代化之路。全面深化改革正是坚持和发展中国特色社会主义的有益实践。”瑞士共产党总书记马西米利亚诺·阿伊说。

巴西政治经济学家、圣保罗州立大学经济与国际研究所协调人马科斯·皮雷斯指出：“中国的发展影响整个世界，中国经济质和量的飞跃将造福广大发展中国家。”

系统部署　指明方向

全会通过的《决定》明确了进一步全面深化改革的指导思想、主题、总目标、重大原则、根本保证，提出300多项重要改革举措，对进一步全面深化改革作出系统部署。国际社会对此密切关注，力求透过全会观察、了解中国改革的前进方向。

创新是引领发展的第一动力，也是多国人士不约而同提到的全会“关键词”。他们认为，从构建支持全面创新体制机制到提升国家创新体系整体效能，全会把创新摆在突出位置，将为推动中国高质量发展注入源源不断的活力和动能。

“因地制宜发展新质生产力”“扎实推进绿色低碳发展”“塑造发展新动能新优势”……坦桑尼亚《卫报》国际版主编本杰明·姆加纳关注到全会公报中的这些表述。他说，全会释放的信号表明，中国注重创新和绿色发展，“这将进一步推动中国式现代化进程，使中国经济更具可持续性和韧性”。

埃及阿拉伯科学技术与海运学院经济学教授卡里姆·乌姆达指出，中国把握新一轮科技革命和产业变革的机遇，已成为全球创新版图中

的重要力量。在推动自身高质量发展的同时，中国还乐于与世界各国分享发展经验和先进技术，推动创新合作。“特别是很多发展中国家，它们与中国在新能源和可再生能源、农业和环境研究等各领域的合作都取得了成果，带来了显著的经济社会效益。”

罗马尼亚翻译家伊万·布杜拉关注全会提出的“统筹推进教育科技人才体制机制一体改革”。他认为，实施人才强国战略、创新驱动发展战略十分富有远见。“中国高度重视人才培养和教育事业，这种重视不仅有助于国家的长远发展，也为全球提供了宝贵经验。”

南非约翰内斯堡大学非洲－中国研究中心研究主任伊曼纽尔·马坦博注意到，全会强调“完善城乡融合发展体制机制”“健全保障和改善民生制度体系”。他说，中国把解决好“三农”问题置于重要地位，保障农产品供给安全，推进乡村全面振兴，有利于解决城乡间发展不平衡问题，对全球减贫事业具有重要借鉴价值。

摩洛哥非洲中国合作与发展协会主席纳赛尔·布希巴说，全会对“健全全过程人民民主制度体系”作出重要部署，中国的全过程人民民主真正体现了人民当家作主，真正代表了广大人民利益，为世界各国特别是广大发展中国家“树立了榜样”。

全会提出，中国式现代化是物质文明和精神文明相协调的现代化。阿拉伯－中国友好协会联合会执行主任阿里·优素福对此有共鸣。他说，中国既有庞大高效的高速铁路网等硬件设施，又有令人惊叹的强大社会凝聚力，这与中国坚持以人民为中心的发展思想密切相关。

澳大利亚悉尼大学中国研究中心主任戴维·古德曼对全会提出“加快完善落实绿水青山就是金山银山理念的体制机制”深有感触。他说：“在中国式现代化的定义中，人与自然理应和谐共生，人类活动必须对生态环境负责，这为世界带来重要启迪。”

联动世界　共创未来

开放是中国式现代化的鲜明标识。全会通过的《决定》就对外开放作了专门部署，涉及稳步扩大制度型开放、深化外贸体制改革、深化外商投资和对外投资管理体制改革、优化区域开放布局、完善推进高质量共建“一带一路”机制等，释放了扩大高水平对外开放的明确信号。

乌姆达认为，全会关于完善高水平对外开放体制机制的重要部署表明，中国的对外开放具有很强的政策连贯性，以开放促发展的方式高效且可持续。

“全会传递出中国扩大高水平对外开放的坚定决心，令人振奋。”南非金山大学经济与商业学院经济学教授詹尼·罗索乌认为，这必将进一步增强中国市场在全球范围内的吸引力。

“我们对在中国市场持续投资、深耕业务充满信心。”泰国开泰银行高级副总裁蔡伟才说，作为一家外资银行，开泰银行的发展受益于中国推进金融高水平对外开放，其对华业务也将随着中国对外开放的

★ 2023 年服贸会国家会议中心综合展区（2023 年 9 月 2 日摄）。（新华社记者李鑫摄）

脚步不断拓展。

“中国的发展经验向世界证明，机遇不会因分享而减少，合作共赢才是发展之道。”伊拉克共产党总书记拉伊德・法赫米认为，全会为中国扩大高水平对外开放、不断加强同世界经济的联系、实现高质量发展描绘了宏伟蓝图。他说，近年来，中国在数字经济和新能源领域的快速发展吸引了包括伊拉克在内的诸多发展中国家的目光，期待南南合作之门越开越大，也相信互利共赢的机遇会越来越多。

墨西哥城自治大学国际政治研究员爱德华多・齐利指出，高质量共建“一带一路”的成就证明，各国走深化了解、取长补短、协同发展的合作道路完全可行，“这是一条越走越宽的共赢之路”。

印度尼西亚大学战略与全球研究学院国际关系专家穆罕默德・西亚罗尼・罗菲认为，中国通过推进高质量共建“一带一路”，打造全球开放合作的大平台，为各国提供重要机遇，展现出中国改革开放的实际成果对全球发展的积极影响。

乌兹别克斯坦政治观察家沙罗菲丁·图拉加诺夫关注到，全会强调“必须坚定奉行独立自主的和平外交政策”“倡导平等有序的世界多极化、普惠包容的经济全球化”。他认为，全会的决策部署向国际社会表明，中国的现代化事业将为世界和平发展注入源源不断的动力。“当今世界充满不稳定性和不确定性，中国努力推动落实全球发展倡议、全球安全倡议、全球文明倡议，这对应对全球挑战和威胁具有重要意义。”

（新华社北京2024年7月22日电　新华社记者邱夏、樊宇、汤洁峰）

为全球共同发展提供广泛深刻的启示

——中共二十届三中全会战略擘画引发全球南方国家强烈共鸣

日前，中国共产党第二十届中央委员会第三次全体会议在圆满完成各项议程后胜利闭幕。

“全球南方”多国人士对此次会议给予高度关注，认为这是中国改革开放历程中具有里程碑意义的一次会议，展现了中国共产党以进一步全面深化改革开辟中国式现代化广阔前景的坚强决心，向国际社会释放了坚定不移高举改革开放旗帜的强烈信号。他们相信，在探索中不断推进的中国式现代化为广大发展中国家独立自主迈向现代化提供了全新选择，也必将给世界各国创造更多新机遇，为全球共同发展注入新动能。

谱写中国式现代化崭新篇章

中共二十届三中全会是在以中国式现代化全面推进强国建设、民族复兴伟业的关键时期召开的一次十分重要的会议，事关如何将中共二十大关于推进中国式现代化的战略部署落到实处，把中国式现代化蓝图变为现实。“全球南方”多国人士称赞本次会议为中国式现代化建设谋篇布局，必将谱写出中国式现代化的崭新篇章。

仔细阅读全会公报后，巴基斯坦伊斯兰堡南亚与国际研究中心执行主任马哈茂德·哈桑·汗感触最深的是，推进中国式现代化是中国现阶段和未来发展的重要锚点。他认为，此次会议体现了中国共产党推进中国式现代化进程的坚定决心，释放了中国扩大高水平对外开放和推进高质量发展的强烈信号，为国际社会注入发展的信心。

在印度尼西亚根塔拉研究院战略传播与研究总监陈姝伶看来，“平衡”与“智慧”是此次会议令人印象最深的两个关键词。她说，全会提出在发展中保障和改善民生是中国式现代化的重大任务，这体现了中国一方面注重在公平竞争的基础上推行市场经济，一方面又重视资源的合理配置和社会福利的完善，为所有群体提供保障。中国善于总结经验，以不断适应国内、地区和全球形势的变化，体现出中国式现代化的改革智慧。

巴西政治经济学家马科斯·皮雷斯说：“中国式现代化是走和平发展道路的现代化。习近平主席提出的构建人类命运共同体理念也为世界探索和平发展之路指明了前行方向。”

作为坦桑尼亚《卫报》国际版主编，本杰明·姆加纳 20 多年来悉心研究中国的政治、经济和文化等各个方面。姆加纳密切关注此次会议，对中国式现代化相关内容印象深刻。姆加纳认为，在中国共产党领导下，中国成为全球第二大经济体，使数亿人摆脱了贫困，在国际舞台上的影响力不断提高……所有这些里程碑式成就清楚地表明，中国共产党带领中国人民走在一条人类历史上全新的、奔赴美好和富足、充满希望的现代化发展道路上。

今年，叙利亚国际关系问题专家巴萨姆·阿布·阿卜杜拉时隔十年再次到访中国，中国发生的巨大变化让他感叹不已。“中国式现代化的稳步推进实现了经济持续增长，创造了大量就业机会，从而极大改善了中国人民的生活。”他认为，中国式现代化探索取得积极成果的关键在于改革开放，三中全会锚定进一步全面深化改革的方向，将继续为中国式现代化走稳走好提供制度保障和强大动能。

土耳其亚太研究中心主任塞尔丘克·乔拉克奥卢说：“中国的改革开放举措推陈出新，为中国式现代化持续注入强劲动力。”古巴国际政策研究中心中国问题专家爱德华多·雷加拉多表示，全会对进一步全面深化改革作出的战略部署将激发新的增长动能，推动中国式现代化迈向新高度。

为世界共同发展创造更多机遇

“落实全球发展倡议、全球安全倡议、全球文明倡议”“倡导平等有序的世界多极化、普惠包容的经济全球化”“完善推进高质量共建‘一带一路’机制”……三中全会作出的这些部署向世界传递出积极的信号，即中国式现代化将继续为包括“全球南方”国家在内的各国带来繁荣稳定的机遇，创造扎扎实实的民生福祉。

“我始终记得，习近平主席所说的改革开放是决定当代中国命运的关键，也是决定中国式现代化成败的关键。”泰国泰中“一带一路”研究中心主任威伦·披差翁帕迪说，习近平主席领导下的中国共产党引领中国全面深化改革，通过高质量发展向中国式现代化迈进。“中国全面深化改革和高水平对外开放，不仅将造福中国人民，也将为世界各国发展提供机遇。”

老挝国立大学中国研究中心主任西提赛·赛亚冯认为，开放的中国式现代化“对广大发展中国家来说是一个好机遇”。他说，中国扩大高水平对外开放，在经济、文化等领域与老挝等发展中国家加强交流，将为发展中国家经济社会发展带来持续动力。

柬埔寨贝尔泰国际大学资深教授约瑟夫·马修斯说，中国式现代化蕴含着中国追求共同发展繁荣的全球愿景。埃塞俄比亚外交学院中国问题专家梅拉库·穆卢阿莱姆认为，随着中国式现代化的推进，“中国巨大的市场潜力将被激发，并为外国企业带来巨大商机”。

在与中国远隔重洋的南美国家秘鲁，中企承建的钱凯港项目正在建设中，建成后将成为拉美地区新的枢纽港和太平洋门户港。秘鲁前驻华大使胡安·卡洛斯·卡普纳伊说，中国主张推动各国互联互通，为“全球南方”国家破解发展难题提供了新思路。“实践证明，只要中国发展，我们就能受益。”

巴基斯坦伊斯兰堡南亚与国际研究中心执行主任马哈茂德·哈桑·汗表示，习近平主席提出的全球发展倡议、全球安全倡议、全球文明倡议将通过开放、现代化、高质量工业化、跨区域连通性和金融援助等方式，在减少全球贫困、失业、性别歧视以及低生产效率方面发挥重要支持作用。

墨西哥韦拉克鲁斯州大学专家阿尼瓦尔·索特莱表示，中国与“全球南方”国家通过共建“一带一路”开展广泛合作，许多起初看似难以实现的项目已成为现实，给当地民众生活带来极大福祉。巴西政治经济学家马科斯·皮雷斯说，中国领导人在新时代提出的多项全球倡议和理念，日益造福世界，“成为多极国际秩序的典范式原则”。

为拓展人类现代化路径带来启迪

中共二十届三中全会对进一步全面深化改革、推进中国式现代化作出战略部署，为中国式现代化提供强大动力和制度保障。中国式现代化所取得的辉煌成就，也进一步激发世界上谋求发展的人们去思考，中国式现代化何以走得通、行得稳。

“全球南方”多国人士认为，中国式现代化打破了“现代化 = 西方化”的迷思，展现了现代化的另一幅图景，丰富了发展中国家走向现代化的路径选择，为人类探索更好的社会制度提供了中国方案，有力鼓舞和启发了广大发展中国家。

“如果中国可以按照自己的方式实现现代化，那么其他国家也可以。”尼日利亚中国研究中心主任查尔斯·奥努纳伊朱表示，中国式现代化的经验对促进尼日利亚的发展非常重要。

“印度尼西亚可以从中国式现代化中学到很多东西。”印尼经济专家菲特拉·费萨尔·哈斯蒂亚迪认为，在迈向现代化的征程上，中国不断扩大开放、制定明确的发展规划、营造良好的营商环境、重视教育的作用，这些都值得印尼学习借鉴。

肯尼亚国际问题学者卡文斯·阿德希尔表示，中国式现代化破解了人类社会发展的诸多难题，为“全球南方”国家实现现代化注入信心，为人类探索不同的现代化道路“作出了重要贡献”。

智利安德烈斯·贝略大学拉美中国问题研究中心主任费尔南多·雷耶斯·马塔认为，中国式现代化是全体人民共同富裕的现代化，兼顾经济发展与提升人民生活质量，这一理念在智利等“全球南方”国家中引起强烈共鸣。

处于战后重建阶段的伊拉克，正积极探寻经济转型之路，对稳定发展有着迫切需求。伊拉克政治分析人士穆斯塔法·哈利勒说：“中国的成功经验让更多‘全球南方’国家认识到，积极探索符合本国国情的发展道路才是实现独立自主、繁荣稳定的必由之路。”

“中国式现代化取得了举世瞩目的成就，中国全面深化改革和推动高质量发展的经验已经成为非洲青年学者关注和研究的焦点。”安哥拉韦南西奥·德莫拉外交学院学者蒂亚戈·阿曼多说，“相信中国的经验能启发我们实现现代化和可持续发展。”

中国式现代化是中国的，也是世界的。面向未来，中国正同包括“全球南方”国家在内的各国一道，携手实现和平发展、互利合作、共同繁荣的世界现代化，共同绘就人类历史上最为壮观的伟大画卷。

（新华社北京 2024 年 7 月 24 日电　新华社记者）

改革是中国不变的关键词

——驻华高级外交官眼中的中共二十届三中全会

7月26日下午，来自140多个国家的150余位在京驻华使节和高级外交官走进位于北京复兴路的中共中央对外联络部，听取中央宣讲团成员、中联部负责人和有关专家对中共二十届三中全会精神和重大意义的介绍。

步入宣介会大厅，摆满英语、俄语、西班牙语、阿拉伯语、日语等多语种书籍的展示区，让外交官们驻足。这些书籍，有对习近平总书记治国理政理念的系统阐述，有对中国共产党重要会议的成果解读，还有对中华优秀传统文化的生动介绍，让外交官们很感兴趣。

外交官们在书籍展示区争相取阅，不少外交官都拿了好几本。最为抢手的，要数习近平总书记的著作以及关于中共二十届三中全会和中国式现代化的书籍。

南非驻华大使谢胜文拿着一本英文版《中共中央关于进一步全面深化改革、推进中国式现代化的决定》对记者说，中国式现代化已经取得了巨大成就，中共二十届三中全会为进一步推进中国式现代化指明了道路和方向，也为南非和其他“全球南方”国家坚持走符合本国国情的现代化道路提供了借鉴。

★ 2023 年 12 月 3 日，在广州南沙湾滨海会议中心，第五届世界媒体峰会参会代表在会议间隙翻阅《习近平谈治国理政》。（新华社记者毛思倩摄）

白俄罗斯驻华大使切尔维亚科夫挑选了一本《中国共产党简史》和《习近平关于中国式现代化论述摘编》。他对记者说："我之前认真研读过《习近平谈治国理政》第一至四卷，还想再深入了解中国共产党的发展历程和中国式现代化的深刻内涵。"

切尔维亚科夫认为，中共二十届三中全会对中国未来数年改革发展作出战略规划，为继续推进中国式现代化谋篇布局，向世界释放了中国必将稳步向前的强烈信号。中国正在大力发展新质生产力，希望白俄罗斯可以在相关领域和中国加强合作。

宣介会上，中央宣讲团成员、中联部负责人和有关专家围绕外交官们关心的问题，详细解读中共二十届三中全会精神，表示中国将进一步全面深化改革，推进中国式现代化，坚持完善高水平对外开放体制机制，为实现各国共同繁荣注入新动力。

认真听了权威人士的解读，在问答互动环节，外交官们还有不少问题要问。

日本驻华大使金杉宪治率先举手。他注意到，中共二十届三中全会通过的决定中提到，要深化外商投资和对外投资管理体制改革，要依法保护外商投资权益。他想进一步了解，中国将采取哪些具体措施，保障外资企业在华国民待遇；

澳大利亚驻华大使吉思德留意到全会关于健全社会保障体系的相关内容。中国将采取哪些措施健全社保制度，为非本地户籍人口提供更好的社会保障服务，是他感兴趣的；

菲律宾驻华大使吉米关注中国民营经济的发展前景。他想更好地理解，在中国的经济改革蓝图中，民营企业处于什么样的地位，又将发挥怎样的作用；

决定提出了300多项重要改革举措，这让克罗地亚驻华大使米海林印象深刻。他想详细了解中国推进和完成这些改革举措的时间轴和路线图；

多米尼克驻华大使查尔斯赞赏中国共产党坚持以人民为中心的发展思想，还关注中国未来在推进绿色发展、应对全球气候变化方面将采取哪些举措；

……

在近两个小时的宣介会上，驻华高级外交官们神情专注，凝神静听，不时记录，并频频点头对宣讲人的介绍和解答表示认同。

“十分感谢中联部组织今天的宣介会，这有助于我们驻华外交官更好地了解中国，读懂中国的方针政策。”来华就任没多久的泰国驻华大使韩灿才表示，中共二十届三中全会通过的决定，回应的是中国人民过上更加幸福美好生活的实际愿望。泰国希望在投资、贸易、旅游等领域进一步加强同中国的交流与合作。

马耳他驻华大使白瀚轩到访过中国许多省市，中国的经济社会发展成就让他印象深刻。这次宣介会加深了他对高质量发展、新质生产力和中国式现代化等的理解。“中国好，世界才更好。”白瀚轩由衷地说，作为欧洲国家，马耳他愿持续加强同中国的合作，促进欧中关系发展，造福两国人民。

埃及驻华大使哈奈菲表示，中共二十届三中全会展现了在新时代把改革开放进行到底的决心和勇气，体现了中国共产党执政理念的连续性、稳定性和创新性。“从中共十一届三中全会到中共二十届三中全会，改革是不变的关键词。”

（新华社北京 2024 年 7 月 27 日电　新华社记者许可、成欣）

第四部分

新气象　新担当
将改革进行到底

党的二十届三中全会吹响了紧紧围绕推进中国式现代化进一步全面深化改革的号角。全会胜利召开，必将激励全党全军全国各族人民更加紧密地团结在以习近平同志为核心的党中央周围，高举改革开放旗帜，凝心聚力、奋发进取，为全面建成社会主义现代化强国、实现第二个百年奋斗目标，以中国式现代化全面推进中华民族伟大复兴而努力奋斗！

扫码观看

《时政微视频｜将改革进行到底》

坚定不移高举改革开放旗帜、紧紧围绕推进中国式现代化进一步全面深化改革

——中共中央举行新闻发布会解读党的二十届三中全会精神

7月15日至18日，党的二十届三中全会在北京召开。此次全会是在新时代新征程上，中国共产党坚定不移高举改革开放旗帜、紧紧围绕推进中国式现代化进一步全面深化改革召开的一次十分重要的会议。

7月19日，中共中央举行新闻发布会，介绍和解读党的二十届三中全会精神。

全会最重要的成果是审议通过了《中共中央关于进一步全面深化改革、推进中国式现代化的决定》

中央政策研究室副主任唐方裕介绍说，全会最重要的成果，就是审议通过了《中共中央关于进一步全面深化改革、推进中国式现代化的决定》。全会《决定》的起草，是在党中央领导下进行的。习近平总书记亲自担任文件起草组组长，全程擘画、组织调研、精心指导、把脉定向，发挥了决定性作用。

“把进一步全面深化改革、推进中国式现代化作为全会主题，抓住

★ 2024 年 7 月 19 日，中共中央举行新闻发布会，介绍和解读党的二十届三中全会精神。（新华社记者金立旺摄）

了事业发展的核心和关键，意义十分重大。”唐方裕说。

“党中央确定以此为全会主题，是经过深思熟虑的。”唐方裕表示，一方面，推进中国式现代化面临许多复杂矛盾和问题，必须克服种种困难和阻力，需要通过进一步全面深化改革，推动生产关系和生产力、上层建筑和经济基础、国家治理和社会发展更好相适应，为中国式现代化提供强大动力和制度保障。另一方面，中国式现代化作为新时代新征程党的中心任务，包括进一步全面深化改革在内的党和国家一切重大战略部署，都必须紧紧围绕推进中国式现代化来谋划和展开。

“全会召开期间，与会同志对《决定》稿讨论热烈，给予高度评价。普遍认为，《决定》既是党的十八届三中全会以来全面深化改革的实践续篇，也是新征程推进中国式现代化的时代新篇，是我们党历史上又一重要纲领性文献。”他说。

党中央总结新时代以来全面深化改革重大成就作出重要判断

全国政协副主席、中央改革办分管日常工作的副主任穆虹介绍说，《决定》开篇指出，党的十一届三中全会是划时代的，开启了改革开放和社会主义现代化建设新时期。党的十八届三中全会也是划时代的，开启了新时代全面深化改革、系统整体设计推进改革新征程，开创了我国改革开放全新局面。

“这是党中央总结新时代以来全面深化改革重大成就作出的重要判断。”他表示，这些历史性成就的取得，根本在于以习近平同志为核心的党中央领航掌舵，在于习近平新时代中国特色社会主义思想科学指引。

穆虹说，党的十八届三中全会以来，习近平总书记亲自领导、亲自部署、亲自推动全面深化改革，以思想理论创新引领改革实践创新，在改革使命、改革方向、改革目标、改革策略、改革动力、改革方法等方面作出系

统阐述，提出一系列关于全面深化改革的新思想、新观点、新论断，科学回答了在新时代举什么旗、走什么路，为什么要全面深化改革、怎样全面深化改革等重大理论和实践问题，在指导新实践、引领新变革中展现出强大的真理魅力和实践伟力，也为进一步全面深化改革提供了强有力思想武器。

《决定》提出，进一步全面深化改革，必须贯彻好坚持党的全面领导、坚持以人民为中心、坚持守正创新、坚持以制度建设为主线、坚持全面依法治国、坚持系统观念等重大原则。

“这六条原则集中体现了习近平总书记关于全面深化改革重要论述的核心要义，是对改革开放以来特别是新时代全面深化改革宝贵经验的科学总结，我们必须在进一步全面深化改革中严格遵循、长期坚持。”穆虹说。

明确进一步全面深化改革的总目标　共提出 300 多项重要改革举措

穆虹介绍说，《决定》站在新的历史起点上，明确了进一步全面深化改革的总目标：继续完善和发展中国特色社会主义制度，推进国家治理体系和治理能力现代化。到二〇三五年，全面建成高水平社会主义市场经济体制，中国特色社会主义制度更加完善，基本实现国家治理体系和治理能力现代化，基本实现社会主义现代化，为到本世纪中叶全面建成社会主义现代化强国奠定坚实基础。

穆虹表示，这一总目标既同党的十八届三中全会提出的全面深化改革总目标一脉相承，又同党的二十大作出的战略部署相衔接，为进一步全面深化改革明确了目标导向。

《决定》共 15 个部分、60 条，分三大板块。第一板块是总论，主要阐述进一步全面深化改革、推进中国式现代化的重大意义和总体要求。第二板块是分论，以经济体制改革为牵引，全面部署各领域各方面的改革。第三板块主要讲加强党对改革的领导、深化党的建设制度改革。

据唐方裕介绍，《决定》共提出300多项重要改革举措，都是涉及体制、机制、制度层面的内容，其中有的是对过去改革举措的完善和提升，有的是根据实践需要和试点探索新提出的改革举措。

坚持把高质量发展作为全面建设社会主义现代化国家的首要任务

中央财办分管日常工作的副主任、中央农办主任韩文秀说："党的二十届三中全会通过的《决定》，坚持把高质量发展作为全面建设社会主义现代化国家的首要任务，对经济和民生领域改革作出全面部署，分量很重。"

他从7个方面对此进行介绍：构建高水平社会主义市场经济体制，健全推动高质量发展体制机制，健全宏观经济治理体系，完善城乡融合发展体制机制，推进高水平对外开放，健全保障和改善民生制度体系，深化生态文明体制改革。

对深化教育科技人才体制机制一体改革作出重要部署

科技是第一生产力，人才是第一资源，创新是第一动力。科技创新靠人才，人才培养靠教育。

"世界百年变局加速演进，新一轮科技革命和产业变革深入发展，围绕高素质人才和科技制高点的国际竞争空前激烈。"教育部党组书记、部长怀进鹏说，“这就迫切要求我们走好人才自主培养之路，实现高水平科技自立自强。为此，全会《决定》对深化教育科技人才体制机制一体改革作出了重要部署。”

一是深化教育综合改革。从教育大国到教育强国是一个系统性跃升和质变，《决定》强调加快建设高质量教育体系，统筹推进育人方式、办学模式、管理体制、保障机制改革。

二是深化科技体制改革。坚持“四个面向”的战略导向，着力激发科技创新创造活力，《决定》强调要优化重大科技创新组织机制，加强国家战略科技力量建设，统筹强化关键核心技术攻关。

三是深化人才发展体制机制改革。着眼加快形成人才培养、使用、评价、服务、支持、激励的有效机制，《决定》强调实施更加积极、更加开放、更加有效的人才政策，完善人才自主培养机制。

在法治轨道上深化改革、推进中国式现代化

改革和法治如同鸟之两翼、车之两轮。

全国人大常委会法工委主任沈春耀介绍说，全会强调法治是中国式现代化的重要保障，必须坚持依法治国，在法治轨道上深化改革、推进中国式现代化，做到改革和法治相统一，重大改革于法有据、及时把改革成果上升为法律制度。

他说，全会重点围绕深化立法领域改革、深入推进依法行政、健全公正执法司法体制机制、完善推进法治社会建设机制、加强涉外法治建设等方面，提出了法治领域改革任务要求。

“我们要全面贯彻党的二十届三中全会精神，积极适应新形势新要求，着力处理好改革和法治的关系。”在回答记者提问时，沈春耀表示，

《决定》部署的重要举措和任务要求，许多涉及法律的制定、修改、废止、解释、编纂以及相关授权、批准等工作，对立法工作提出了许多新课题新要求，需要通过深化立法领域改革作出新的回答。《决定》在相关部分明确提出了一些重要立法修法任务，包括制定民营经济促进法、金融法、民族团结进步促进法、反跨境腐败法，修改监督法、监察法，编纂生态环境法典。

沈春耀表示，全会强调发展全过程人民民主是中国式现代化的本质要求，对“健全全过程人民民主制度体系”作出重要部署，对加强人民当家作主制度建设、健全协商民主机制、健全基层民主制度、完善大统战工作格局等提出了改革任务。

中国继续深化改革、扩大开放的坚定决心和信心不受影响

“当前，世界百年未有之大变局正在加速演进，外部不确定性增加，但不会影响中国继续深化改革、扩大开放的坚定决心和信心。”穆虹在回答记者提问时表示。

他说，坚持对外开放是中国的基本国策。改革和开放相辅相成，以开放促改革、促发展是中国改革发展的成功实践。这次全会《决定》就对外开放作了专门部署，涉及扩大制度型开放、外贸体制改革、外商投资和对外投资管理、优化区域开放布局、完善推进高质量共建“一带一路”机制等，释放了扩大高水平对外开放的明确信号。

回答记者提问时，韩文秀表示：“外资企业是中国经济发展的重要参与者、积极贡献者。受国际环境变化等因素影响，当前我国实际利用外资出现下降。这是暂时的现象。随着营商环境持续改善、市场机遇持续增多，我国利用外资还将持续扩大。”

坚持老百姓关心什么、期盼什么，改革就抓住什么、推进什么

韩文秀介绍说，《决定》坚持老百姓关心什么、期盼什么，改革就抓住什么、推进什么。强调要健全高质量充分就业促进机制，健全灵活就业人员、农民工、新就业形态人员社保制度，促进优质医疗资源扩容下沉，推动建设生育友好型社会，完善发展养老事业和养老产业政策机制。

“这些举措的落实见效，必将进一步增强人民群众的获得感、幸福感、安全感。”他说。

在回答记者提问时，韩文秀表示，要加强普惠性、基础性、兜底性民生建设，完善劳动者工资决定、合理增长、支付保障机制，多渠道增加居民财产性收入，有效增加低收入群体收入，稳步扩大中等收入群体规模，增强居民消费能力和意愿。完善扩大消费长效机制。健全高质量充分就业促进机制，支持和规范发展新就业形态。

当前，群众对“上好学”的需要越来越高。

在资源配置上，突出扩优提质，加大优质教育资源供给；在教育教学上，突出学生为本，加强素质教育，促进全体学生全面发展；在保障机制上，突出尊师重教，建设高素质专业化教师队伍；在新路径开辟上，突出数字赋能，发挥智慧教育新优势……怀进鹏在回答记者提问时说：“我们将把高质量发展作为各级各类教育的生命线，把促进公平融入到深化教育综合改革的各方面各环节，推动实现从‘有学上’到‘上好学’的根本性转变。”

专门用一个部分部署党的领导和党的建设制度改革

办好中国的事情关键在党。唐方裕表示，正是基于党的领导和党的

建设的极端重要性，全会《决定》在总结经验、阐述意义、提出原则、部署举措中，都把党的领导和党的建设作为重要内容。

他介绍说，《决定》专门用一个部分来部署党的领导和党的建设制度改革，主要有坚持党中央对进一步全面深化改革的集中统一领导、深化党的建设制度改革、深入推进党风廉政建设和反腐败斗争3个方面。

这些部署，“充分体现了持之以恒推进全面从严治党的坚定和清醒。我们坚信，在以习近平同志为核心的党中央坚强领导下，进一步全面深化改革一定能蹄疾步稳，中国式现代化一定能阔步向前。”唐方裕说。

（新华社北京2024年7月19日电　新华社记者施雨岑、冯家顺、徐壮）

必须自觉把改革摆在更加突出位置

——从党的二十届三中全会部署看进一步全面深化改革走向

7 月 15 日至 18 日，党的二十届三中全会在北京举行。全会听取和讨论了习近平总书记受中央政治局委托所作的工作报告，审议通过了《中共中央关于进一步全面深化改革、推进中国式现代化的决定》。习近平总书记就《决定（讨论稿）》向全会作了说明。

全会要求，到二〇三五年，全面建成高水平社会主义市场经济体制，中国特色社会主义制度更加完善，基本实现国家治理体系和治理能力现代化，基本实现社会主义现代化，为到本世纪中叶全面建成社会主义现代化强国奠定坚实基础。

站在新的历史起点上，进一步全面深化改革，吹响奋进新征程的号角，必将为中国式现代化提供强大动力和制度保障。

一以贯之全面深化改革

从“落后时代”到“赶上时代”再到“引领时代”，改革开放深刻改变了中国面貌，成为当代中国最显著的特征、最壮丽的气象。

党的十八届三中全会以来，以习近平同志为核心的党中央开启了气势如虹、波澜壮阔的全面深化改革进程，实现改革由局部探索、破冰突围到系统集成、全面深化的转变。

全会指出，面对纷繁复杂的国际国内形势，面对新一轮科技革命和产业变革，面对人民群众新期待，必须自觉把改革摆在更加突出位置，紧紧围绕推进中国式现代化进一步全面深化改革。

中央党校（国家行政学院）党的建设教研部副主任祝灵君认为，推进中国式现代化是一项开创性事业，还有许多未知领域，需要继续大胆探索、改革创新。中国式现代化将在不断的改革开放中实现，一以贯之全面深化改革，将为中国式现代化不断开辟广阔前景。

制度是关系党和国家事业发展的根本性、全局性、稳定性、长期性问题。

“继续完善和发展中国特色社会主义制度，推进国家治理体系和治理能力现代化。”全会明确提出进一步全面深化改革的总目标，要求“到二〇二九年中华人民共和国成立八十周年时，完成本决定提出的改革任务”。

“‘继续’二字，意味着在党的十八届三中全会以来各项改革事业取得巨大成就的基础上不断深入推进，且越难越进。强调总目标有助于明确前进方向、更多凝聚全社会的正能量和共识。”中国宏观经济研究院产业经济与技术经济研究所所长刘泉红表示，这体现了压茬推进改革的毅力和定力，更具操作性，也将为后续的改革发展奠定更坚实的基础。

改革实践得到的宝贵经验，是破解改革发展稳定难题的规律性认识和重要抓手。

全会强调，进一步全面深化改革要总结和运用改革开放以来特别是新时代全面深化改革的宝贵经验，贯彻坚持党的全面领导、坚持以人民为中心、坚持守正创新、坚持以制度建设为主线、坚持全面依法治国、坚持系统观念等原则。

“‘六个坚持’进一步深化了我们党对改革规律的认识，是新征程上进一步全面深化改革的重要遵循。要运用好‘六个坚持’的宝贵经验，同时在进一步全面深化改革中贯彻好这些原则。”中国社会科学院中国式现代化研究院院长张翼说。

坚持科学改革方法

发展无止境，改革有章法。习近平总书记强调，“改革开放是前无古人的崭新事业，必须坚持正确的方法论，在不断实践探索中推进。”

全会明确提出，更加注重系统集成，更加注重突出重点，更加注重改革实效。

构建高水平社会主义市场经济体制，健全推动经济高质量发展体制机制，构建支持全面创新体制机制，健全宏观经济治理体系，完善城乡融合发展体制机制，完善高水平对外开放体制机制，健全全过程人民民主制度体系……全会对进一步全面深化改革做出系统部署。

中南财经政法大学国家治理学院社会治理法学学科带头人徐汉明说，这些部署体现了全局观念和系统思维，统筹国内国际两个大局，统筹推进“五位一体”总体布局，协调推进“四个全面”战略布局，必将进一步解放和发展社会生产力、激发和增强社会活力。

“完善国家战略规划体系和政策统筹协调机制”“统筹新型工业化、新型城镇化和乡村全面振兴”“协同推进降碳、减污、扩绿、增长”……

“全会的一系列部署，突出了进一步全面深化改革的系统性、整体性、协同性。”刘泉红分析，坚持科学的改革方法，处理好经济和社会、政府和市场、效率和公平、活力和秩序、发展和安全等重大关系，将更好推动各领域各方面改革举措同向发力、形成合力。

进一步全面深化改革，必须牵住“牛鼻子”。“以经济体制改革为牵引”，全会明确了进一步全面深化改革的重要方向。

高水平社会主义市场经济体制是中国式现代化的重要保障，全会提出“实现资源配置效率最优化和效益最大化”等；高质量发展是全面建设社会主义现代化国家的首要任务，全会明确“完善推动高质量发展激励约束机制”“健全因地制宜发展新质生产力体制机制”等；科学的宏观调控、有效的政府治理是发挥社会主义市场经济体制优势的内在要求，全会强调“完善宏观调控制度体系”“增强宏观政策取向一致性”等。

“全会部署的重点任务中，经济体制改革位序靠前、分量很重，凸显其‘牵引’作用。”刘泉红表示，一系列部署体现了党中央从现实需要出发、从最紧迫的事情抓起推动经济体制改革的重要导向。以经济体制改革为牵引，政治、文化、社会、生态文明等领域改革协同发力，将进一步推动改革突出重点、全面深化。

守正创新保持改革定力

守正创新，是全面深化改革的鲜明特色。习近平总书记强调，“改革无论怎么改，坚持党的全面领导、坚持马克思主义、坚持中国特色社会主义道路、坚持人民民主专政等根本的东西绝对不能动摇”。

党的领导是进一步全面深化改革、推进中国式现代化的根本保证。全会明确提出，提高党对进一步全面深化改革、推进中国式现代化的领导水平。

祝灵君表示，全会做出“完善党的自我革命制度规范体系”“深化党的建设制度改革”等一系列部署，体现了坚持和加强党的全面领导特别是坚决维护党中央权威和集中统一领导的特殊重大意义，必将有力确保党始终成为中国特色社会主义事业的坚强领导核心。

全会提出，必须坚定不移走中国特色社会主义政治发展道路，坚持和完善我国根本政治制度、基本政治制度、重要政治制度，丰富各层级民主形式，把人民当家作主具体、现实体现到国家政治生活和社会生活各方面。

“从发展全过程人民民主，到推进国家安全体系和能力现代化，再到持续深化国防和军队改革等，进一步全面深化改革有方向、有立场、有原则，志不改，道不变。”祝灵君表示，全会对进一步全面深化改革

★ 2020 年 11 月 2 日，在河北省邯郸市邯山区开展的“听爷爷奶奶讲家风”主题活动中，宣讲员向孩子们讲家风家训故事。（新华社记者王晓摄）

的部署，紧紧围绕继续完善和发展中国特色社会主义制度，推进国家治理体系和治理能力现代化这一总目标，确保改革在正确道路上前进。

守正才能不迷失方向、不犯颠覆性错误，创新才能不错失机遇、把握引领时代潮流。进一步全面深化改革，将紧跟时代步伐，顺应实践发展，突出问题导向，在新的起点上推进理论创新、实践创新、制度创新、文化创新和其他各方面创新。

“比如，全会明确提出统筹推进教育科技人才体制机制一体改革，健全新型举国体制，提升国家创新体系整体效能，这将有效破除人才成长的体制机制障碍，推动构建支持全面创新体制机制。”张翼说。

中国式现代化是物质文明和精神文明相协调的现代化。全会提出，必须增强文化自信，发展社会主义先进文化，弘扬革命文化，传承中华优秀传统文化，加快适应信息技术迅猛发展新形势，培育形成规模宏大的优秀文化人才队伍，激发全民族文化创新创造活力。

“建设文化强国，离不开守正创新的正气和锐气。”张翼表示，进一步全面深化改革突出问题导向，更加体现与时俱进，必将在披荆斩棘中推动中国式现代化行稳致远。

把牢改革价值取向

为了人民而改革，改革才有意义；依靠人民而改革，改革才有动力。

全会提出，在发展中保障和改善民生是中国式现代化的重大任务。必须坚持尽力而为、量力而行，完善基本公共服务制度体系，加强普惠性、基础性、兜底性民生建设，解决好人民最关心最直接最现实的利益问题，不断满足人民对美好生活的向往。

张翼表示，在发展中保障和改善民生，需要政府的责任担当和主动作为，需要充分考虑特定发展阶段的现实条件，从保障群众基本权益出发，稳中求进、循序渐进，锲而不舍、持续发力。

公平正义是人民所求、民心所向。

全会提出，必须全面贯彻实施宪法，维护宪法权威，协同推进立法、执法、司法、守法各环节改革，健全法律面前人人平等保障机制，弘扬社会主义法治精神，维护社会公平正义，全面推进国家各方面工作法治化。

“坚持人民至上，维护社会公平正义至关重要。”徐汉明认为，要坚持在法治轨道上深化改革，努力让人民群众在每一项法律制度、每一个执法决定、每一宗司法案件中感受到公平正义。要更好发挥法治在进一步全面深化改革中的固根本、稳预期、利长远保障作用。改革越深入，越要强调法治，越要营造更加公开透明、规范有序、公平高效的法治环境。

★ 四川凉山州盐源县藤桥乡麻柳村的通村硬化路和路旁的新居（2019 年 8 月 13 日摄，无人机照片）。（新华社发）

以促进社会公平正义、增进人民福祉为出发点和落脚点，体现了以人民为中心的改革价值取向。

全会提出，必须统筹新型工业化、新型城镇化和乡村全面振兴，全面提高城乡规划、建设、治理融合水平，促进城乡要素平等交换、双向流动，缩小城乡差别，促进城乡共同繁荣发展。

“人是城乡融合发展中最核心的要素，无论是推进新型城镇化还是推进乡村全面振兴，都要注重让城乡居民更公平地享有改革发展成果，促进城乡要素平等交换和公共资源均衡配置，形成城乡互惠互利的良性循环。”张翼说。

（新华社北京2024年7月19日电　新华社记者杨维汉、罗沙、陈炜伟、孙少龙、王琦）

为中国式现代化提供强大动力和制度保障

——从党的二十届三中全会决定看进一步全面深化改革聚力攻坚

7月21日，《中共中央关于进一步全面深化改革、推进中国式现代化的决定》全文发布。

党的二十届三中全会上，习近平总书记就决定起草的有关情况向全会作说明时强调，面对新的形势和任务，必须进一步全面深化改革，继续完善各方面制度机制，固根基、扬优势、补短板、强弱项，不断把我国制度优势更好转化为国家治理效能。

全会通过的这一决定，阐明进一步全面深化改革、推进中国式现代化的重大意义和总体要求，锚定2035年基本实现社会主义现代化目标，重点部署未来五年的重大改革举措。透过决定提出的300多项改革举措，进一步全面深化改革蓝图清晰呈现，中国式现代化的广阔前景催人奋进。

把构建高水平社会主义市场经济体制摆在突出位置

高水平社会主义市场经济体制是中国式现代化的重要保障。

围绕处理好政府和市场关系这个核心问题，决定把构建高水平社会主义市场经济体制摆在突出位置，明确提出坚持和落实“两个毫不动摇”、构建全国统一大市场、完善市场经济基础制度。

“决定强调要更好发挥市场机制作用，创造更加公平、更有活力的市场环境，激发全社会内生动力和创新活力。”中央财办分管日常工作的副主任、中央农办主任韩文秀表示。

围绕坚持和落实“两个毫不动摇”，决定提出“深化国资国企改革”“推动国有资本和国有企业做强做优做大，增强核心功能，提升核心竞争力”“制定民营经济促进法”“完善民营企业参与国家重大项目建设长效机制”等，促进各种所有制经济优势互补、共同发展。

加快建设高标准市场体系是一项重大改革任务。围绕构建全国统一大市场，决定提出规范地方招商引资法规制度，严禁违法违规给予政策优惠行为等；围绕完善要素市场制度和规则，提出构建城乡统一的建设用地市场，培育全国一体化技术和数据市场，健全劳动、资本、土地、知识、技术、管理、数据等生产要素由市场评价贡献、按贡献决定报酬的机制等；围绕完善市场经济基础制度，提出完善产权制度、市场信息披露制度、市场准入制度、企业退出制度等。

既“放得活”又“管得住”。国家发展改革委主任郑栅洁说，通过完善市场环境、政策环境和法治环境，让市场在资源配置中充分发力。同时，通过维护竞争秩序、促进经济平稳运行、保障经济安全，让政府在克服市场失灵领域精准发力。

健全推动经济高质量发展体制机制 促进新质生产力发展

高质量发展是全面建设社会主义现代化国家的首要任务。当前，推动高质量发展面临的突出问题依然是发展不平衡不充分，必须进一步全面深化改革，从体制机制上推动解决。

决定对“健全推动经济高质量发展体制机制”作出专门部署，明确提出必须以新发展理念引领改革，立足新发展阶段，深化供给侧结构性改革，完善推动高质量发展激励约束机制，塑造发展新动能新优势。

新质生产力已经在实践中形成并展示出对高质量发展的强劲推动力、支撑力。决定在“健全推动经济高质量发展体制机制”部分，明确提出“健全因地制宜发展新质生产力体制机制”。

一系列部署中，既有“新”的培育——加强新领域新赛道制度供给，建立未来产业投入增长机制，也有“旧”的改造——以国家标准提升引领传统产业优化升级，支持企业用数智技术、绿色技术改造提升传

★ 2024年3月15日，工人在位于河南郑州的中铁装备集团车间内进行掘进机主机拆机作业，以便运输。（新华社记者李嘉南摄）

统产业。因地制宜发展新质生产力的辩证思维贯穿其间，加快形成同新质生产力更相适应的生产关系，促进各类先进生产要素向发展新质生产力集聚。

推动高质量发展，实体经济是坚实支撑，数字经济是重要驱动力量。决定明确“健全促进实体经济和数字经济深度融合制度”“加快推进新型工业化”“建立保持制造业合理比重投入机制”“加快构建促进数字经济发展体制机制”等一系列要求，持续促进数字技术和实体经济深度融合。

决定对“完善发展服务业体制机制”“健全现代化基础设施建设体制机制”“健全提升产业链供应链韧性和安全水平制度”等分别作出部署。

韩文秀表示，这些都是高质量发展的内在要求。“通过政策给力和改革发力‘双轮驱动’，我国经济发展将更加强劲、更为均衡、更可持续。”

构建支持全面创新体制机制

教育、科技、人才是中国式现代化的基础性、战略性支撑。决定提出，必须深入实施科教兴国战略、人才强国战略、创新驱动发展战略，统筹推进教育科技人才体制机制一体改革，健全新型举国体制，提升国家创新体系整体效能。

“这是迎接新一轮科技革命和产业变革、加快建设科技强国的必然选择，是发展新质生产力、实现高质量发展的必然选择，是提升国家竞争力、应对外部风险挑战的必然选择。”科技部部长阴和俊说。

在深化教育综合改革方面，决定提出，分类推进高校改革，建立科技发展、国家战略需求牵引的学科设置调整机制和人才培养模式，超常布局急需学科专业；完善高校科技创新机制，提高成果转化效能。

在深化科技体制改革方面，决定提出，加强国家战略科技力量建设；改进科技计划管理，强化基础研究领域、交叉前沿领域、重点领域前瞻性、引领性布局；强化企业科技创新主体地位，建立培育壮大科技领军企业机制；允许科研类事业单位实行比一般事业单位更灵活的管理制度，探索实行企业化管理；深化职务科技成果赋权改革。

在深化人才发展体制机制改革方面，决定提出，加快建设国家战略人才力量；完善青年创新人才发现、选拔、培养机制，更好保障青年科技人员待遇；强化人才激励机制，坚持向用人主体授权、为人才松绑；完善海外引进人才支持保障机制。

“要通过进一步深化改革，加快建设教育强国、科技强国、人才强国，形成推动高质量发展的倍增效应，支撑引领中国式现代化。”教育部部长怀进鹏说。

健全宏观经济治理体系

科学的宏观调控、有效的政府治理是发挥社会主义市场经济体制优势的内在要求。

决定对健全宏观经济治理体系作出部署，明确提出必须完善宏观调控制度体系，统筹推进财税、金融等重点领域改革，增强宏观政策取向一致性。

健全宏观经济治理体系，需要更好发挥国家发展规划的战略导向作用。决定提出完善国家战略规划体系和政策统筹协调机制，强调要“构建国家战略制定和实施机制”“增强国家战略宏观引导、统筹协调功能”“探索实行国家宏观资产负债表管理”等。

围绕深化财税体制改革，决定从多方面作出部署——围绕健全预算制度，提出完善国有资本经营预算和绩效评价制度、深化零基预算改革、统一预算分配权等；围绕健全税收制度，提出研究同新业态相适应的税收制度、健全直接税体系等；围绕中央和地方财政关系，提出增加地方自主财力，拓展地方税源，推进消费税征收环节后移并稳步下划地方，合理扩大地方政府专项债券支持范围，适当加强中央事权、提高中央财政支出比例等举措。

围绕深化金融体制改革，决定从畅通货币政策传导机制、完善金融机构定位和治理、健全投资和融资相协调的资本市场功能、完善金融监管体系等多方面作出前瞻性、系统性的顶层设计，一系列部署和要求锚定金融强国建设目标，凸显改革力度。此外，决定提出制定金融法，强调“依法将所有金融活动纳入监管”，明确“构建产业资本和金融资本‘防火墙’”等要求。

决定提出的相关改革新部署，有助于进一步提升我国宏观经济治理的能力和水平，更好推动我国经济社会高质量发展、构建高水平社会主义市场经济体制。

完善城乡融合发展体制机制

城乡融合发展是中国式现代化的必然要求。决定提出，必须统筹新型工业化、新型城镇化和乡村全面振兴，全面提高城乡规划、建设、治理融合水平，促进城乡要素平等交换、双向流动，缩小城乡差别，促进城乡共同繁荣发展。

对于完善城乡融合发展体制机制，决定提出：健全推进新型城镇化体制机制；巩固和完善农村基本经营制度；完善强农惠农富农支持制度；

深化土地制度改革。

城乡融合发展，一头在“城”。决定提出，健全推进新型城镇化体制机制。构建产业升级、人口集聚、城镇发展良性互动机制。推行由常住地登记户口提供基本公共服务制度，推动符合条件的农业转移人口社会保险、住房保障、随迁子女义务教育等享有同迁入地户籍人口同等权利，加快农业转移人口市民化。

城乡融合发展，另一头在“乡”。为解除进城落户农民后顾之忧，决定提出保障进城落户农民合法土地权益，依法维护进城落户农民的土地承包权、宅基地使用权、集体收益分配权，探索建立自愿有偿退出的办法。

推动城乡融合发展，深化土地制度改革是一个关键。决定提出，改革完善耕地占补平衡制度，各类耕地占用纳入统一管理，完善补充

★ 嘉兴市南湖区凤桥镇联丰村的绿道和村落景区（2023 年 6 月 14 日摄，无人机照片）。（新华社记者徐昱摄）

耕地质量验收机制，并就健全保障耕地用于种植基本农作物管理体系，允许农户合法拥有的住房通过出租、入股、合作等方式盘活利用，有序推进农村集体经营性建设用地入市改革等作出全面部署。

城乡融合发展，要补短板、强弱项。决定提出完善强农惠农富农支持制度，明确要完善覆盖农村人口的常态化防止返贫致贫机制，建立农村低收入人口和欠发达地区分层分类帮扶制度，加快健全种粮农民收益保障机制，统筹建立粮食产销区省际横向利益补偿机制，在主产区利益补偿上迈出实质步伐。

完善高水平对外开放体制机制

改革和开放相辅相成、相互促进。

稳步扩大制度型开放、深化外贸体制改革、深化外商投资和对外投资管理体制改革、优化区域开放布局、完善推进高质量共建“一带一路”机制……决定就对外开放作了专门部署，明确提出“坚持以开放促改革，依托我国超大规模市场优势，在扩大国际合作中提升开放能力，建设更高水平开放型经济新体制”。

“当前，世界百年未有之大变局正在加速演进，外部不确定性增加，但不会影响中国继续深化改革、扩大开放的坚定决心和信心。”全国政协副主席、中央改革办分管日常工作的副主任穆虹说，决定释放了扩大高水平对外开放的明确信号。

制度型开放是高水平对外开放的必然要求。决定明确，在产权保护、产业补贴、环境标准、劳动保护、政府采购、电子商务、金融领域等实现规则、规制、管理、标准相通相容，打造透明稳定可预期的制度环境；强化贸易政策和财税、金融、产业政策协同，打造贸易强国制度支撑和政策支持体系；深化粤港澳大湾区合作，强化规则衔接、机制对接……

扩大高水平对外开放，更大力度吸引和利用外资是其中的重要内容。“落实全面取消制造业领域外资准入限制措施，推动电信、互联网、教育、文化、医疗等领域有序扩大开放”“保障外资企业在要素获取、资质许可、标准制定、政府采购等方面的国民待遇”“完善境外人员入境居住、医疗、支付等生活便利制度”……决定提出的一系列改革举措，有助于巩固外资在华发展信心。

穆虹说，中国正在加快构建新发展格局，将依托国内超大规模市场优势，在促进双循环中不断拓展开放的深度和广度，塑造更高水平开放型经济新优势，积极参与全球经济治理改革，与世界各国共享发展机遇、共创美好未来。

健全全过程人民民主制度体系

发展全过程人民民主是中国式现代化的本质要求。决定注重全面改革，专门对“健全全过程人民民主制度体系”作出部署。

这一安排具有重要意义。全国人大常委会法工委主任沈春耀表示，发展全过程人民民主，就是要在前进道路上始终坚持人民主体地位，充分发挥人民群众积极性、主动性、创造性，把各方面的智慧和力量凝聚起来，把我国制度优势更好转化为国家治理效能。

就健全全过程人民民主制度体系，决定提出相关改革任务：加强人民当家作主制度建设、健全协商民主机制、健全基层民主制度、完善大统战工作格局。

人民代表大会制度是我国根本政治制度。决定提出，健全人大对行政机关、监察机关、审判机关、检察机关监督制度，完善监督法及其实施机制等。

山东大学政治学与公共管理学院教授臧秀玲表示，人大监督，是具有法定权威、代表人民的监督，完善监督机制，寓支持于监督之中，有助于推动党中央重大决策部署贯彻落实。

有事好商量，众人的事情由众人商量，找到全社会意愿和要求的最大公约数，是人民民主的真谛。

决定着眼健全协商民主机制，提出发挥人民政协作为专门协商机构作用，健全深度协商互动、意见充分表达、广泛凝聚共识的机制等；完善协商民主体系，丰富协商方式。着眼健全基层民主制度，提出健全基层党组织领导的基层群众自治机制等。

决定提出，坚持好、发展好、完善好中国新型政党制度；制定民族团结进步促进法，健全铸牢中华民族共同体意识制度机制；全面构建亲清政商关系等。一系列举措，将完善大统战工作格局，推动新时代爱国统一战线不断发展壮大。

完善中国特色社会主义法治体系

法治是中国式现代化的重要保障。

决定就“深化立法领域改革”“深入推进依法行政”“健全公正执法司法体制机制”“完善推进法治社会建设机制”“加强涉外法治建设”提出一系列改革举措。

沈春耀表示，二十届三中全会对“完善中国特色社会主义法治体系”作出重要部署，以法治体系建设为总抓手系统推进法治中国建设，在更高水平上形成完备的法律规范体系、高效的法治实施体系、严密的法治监督体系、有力的法治保障体系和完善的党内法规体系。

良法善治，民之所盼。决定提出，“完善以宪法为核心的中国特色社会主义法律体系，健全保证宪法全面实施制度体系”“统筹立改废释纂，加强重点领域、新兴领域、涉外领域立法”。

“决定部署的重要举措和任务要求，许多涉及法律的制定、修改、废止、解释、编纂以及相关授权、批准等工作，对立法工作提出了许多新课题新要求。”沈春耀表示，决定在相关部分明确提出了制定民营经济促进法、金融法、民族团结进步促进法、反跨境腐败法，修改监督法、监察法，编纂生态环境法典等重要立法修法任务。

确保执法司法严格规范公正文明，维护社会公平正义。决定明确要求“健全监察机关、公安机关、检察机关、审判机关、司法行政机关各司其职，监察权、侦查权、检察权、审判权、执行权相互配合、相互制约的体制机制”。

同时，决定提出建立一体推进涉外立法、执法、司法、守法和法律服务、法治人才培养的工作机制。积极参与国际规则制定。

新征程上，落实法治领域改革任务要求，将更好发挥法治固根本、稳预期、利长远的保障作用，推动党和国家事业行稳致远。

深化文化体制机制改革

深化文化体制机制改革，是解放和发展文化生产力、推进文化领域治理体系和治理能力现代化的重要途径。决定聚焦建设社会主义文化强国，对深化文化体制机制改革作出专门部署。

中国式现代化是物质文明和精神文明相协调的现代化。决定提出，必须增强文化自信，发展社会主义先进文化，弘扬革命文化，传承中华优秀传统文化，加快适应信息技术迅猛发展新形势，培育形成规模

★ 2024 年 6 月 12 日，读者在位于嘉兴市艺术文化中心的秀洲区图书馆内阅读。（新华社记者徐昱摄）

宏大的优秀文化人才队伍，激发全民族文化创新创造活力。

“实现中华民族伟大复兴的中国梦，物质财富和精神财富都要极大丰富。物质文明和精神文明协调发展，深刻体现了中国式现代化的独特性和先进性。”北京大学国家现代公共文化研究中心主任李国新说。

意识形态决定文化前进方向和发展道路。创新马克思主义理论研究和建设工程，实施哲学社会科学创新工程，构建中国哲学社会科学自主知识体系；改进创新文明培育、文明实践、文明创建工作机制；构建中华传统美德传承体系……决定部署的一系列改革举措，着力完善意识形态工作责任制，推动理想信念教育常态化制度化，巩固壮大奋进新时代的主流思想舆论。

进入新时代，人民群众对精神文化的需求从“有没有、缺不缺”跃升为“好不好、精不精”。

李国新表示，着眼于优化文化服务和文化产品供给机制，决定明确“完善公共文化服务体系，建立优质文化资源直达基层机制，健全社会力量参与公共文化服务机制”等改革任务，体现了补短板、强弱项、提质量的改革思路，有助于为广大基层人民群众提供更高质量、更有效率、更加公平、更可持续的公共文化服务。

健全保障和改善民生制度体系

在发展中保障和改善民生是中国式现代化的重大任务。

“决定坚持老百姓关心什么、期盼什么，改革就抓住什么、推进什么。”韩文秀说，决定强调要健全高质量充分就业促进机制，健全灵活就业人员、农民工、新就业形态人员社保制度，促进优质医疗资源扩容下沉，推动建设生育友好型社会，完善发展养老事业和养老产业政策机制。

“这些举措的落实见效，必将进一步增强人民群众的获得感、幸福感、安全感。”韩文秀表示。

收入关乎“钱袋子”。决定提出，“完善劳动者工资决定、合理增长、支付保障机制”“多渠道增加城乡居民财产性收入，形成有效增加低收入群体收入、稳步扩大中等收入群体规模、合理调节过高收入的制度体系”。一系列重要部署，不仅将推动缩小收入差距，还将增强居民消费能力和意愿、畅通经济循环。

坚持人民至上，从人民整体利益、根本利益、长远利益出发谋划和推进改革，是决定稿起草把握的重点之一。

我国已建成世界上规模最大的社会保障体系、医疗卫生体系，在此

★ 2023 年 2 月 17 日，在上海虹桥街道古北市民中心，盛弘和居民区代表讨论社区服务功能的相关议题。（新华社记者刘颖摄）

基础上，决定进一步深化社保、医药卫生领域改革，通过“健全灵活就业人员、农民工、新就业形态人员社保制度”“全面取消在就业地参保户籍限制”“加快建立租购并举的住房制度”“完善大病保险和医疗救助制度”等，持续织密社会保障安全网、推进健康中国建设。

“一老一小”是民生大事，也是决定部署的重点内容。

从“有效降低生育、养育、教育成本”“建立生育补贴制度”“加大个人所得税抵扣力度”，到“优化基本养老服务供给”“逐步提高城乡居民基本养老保险基础养老金”，改革补短板、破难题，将更好保障人民群众“幼有所育”“老有所养”。

深化生态文明体制改革

中国式现代化是人与自然和谐共生的现代化。决定提出聚焦建设美丽中国，加快经济社会发展全面绿色转型，健全生态环境治理体系，推进生态优先、节约集约、绿色低碳发展，促进人与自然和谐共生。

新时代以来，我国建立生态文明制度体系，形成源头严防、过程严管、损害赔偿、后果严惩的生态文明制度框架，蓝天碧水成为常态。但要看到，当前推动高质量发展过程中，生态环境保护仍存短板。

决定部署深化生态文明体制改革，提出必须完善生态文明制度体系，协同推进降碳、减污、扩绿、增长，积极应对气候变化，加快完善落实绿水青山就是金山银山理念的体制机制。

“实施分区域、差异化、精准管控的生态环境管理制度”“构建环境信用监管体系”“推动重要流域构建上下游贯通一体的生态环境治理体系”“推进生态综合补偿”“促进绿色低碳循环发展经济体系建设”……决定从完善生态文明基础体制、健全生态环境治理体系、健全绿色低碳发展机制等方面作出一系列重大部署。

对此，韩文秀表示，决定强调加快完善落实绿水青山就是金山银山理念的体制机制，健全生态产品价值实现机制，加快规划建设新型能源体系，构建碳排放统计核算体系、产品碳标识认证制度、产品碳足迹管理体系，更好推动绿色低碳循环发展。

推进国家安全体系和能力现代化

国家安全是中国式现代化行稳致远的重要基础。决定把维护国家安全放到更加突出位置，从多方面对推进国家安全体系和能力现代化进行部署。

健全国家安全体系，是保障国家安全的治本之策。决定提出，强化国家安全工作协调机制，完善国家安全法治体系、战略体系、政策体系、风险监测预警体系，完善重点领域安全保障体系和重要专项协调指挥体系。构建联动高效的国家安全防护体系，推进国家安全科技赋能。

公共安全无处不在，一头连着经济社会发展，一头连着千家万户。决定对完善公共安全治理机制进行部署，涵盖食品药品安全责任、生物安全监管预警防控、网络安全、人工智能安全等方面。专家认为，改革坚持问题导向、法治思维，通过狠抓薄弱环节、明确各方责任、健全长效机制，织密织牢全方位、立体化的公共安全网。

突出共建共治共享、坚持自治法治德治相结合，决定在健全社会治理体系方面，提出加强社会工作者队伍建设，推动志愿服务体系建设，强化市民热线等公共服务平台功能，健全社会心理服务体系和危机干预机制等改革举措，推动形成有效的社会治理、良好的社会秩序，让人民群众的获得感更加充实、更有保障、更可持续。

基层治理是国家治理的基石。决定提出，健全乡镇（街道）职责和权力、资源相匹配制度，加强乡镇（街道）服务管理力量。

中南财经政法大学国家治理学院社会治理法学学科带头人徐汉明表示，推动社会治理体系重心下移、力量下沉、保障下倾，有助于激发基层干事创业活力、提升基层治理效能，让群众在家门口就能享受到贴心服务，切实打通基层治理“最后一公里”。

持续深化国防和军队改革

国防和军队现代化是中国式现代化的重要组成部分。

着眼为如期实现建军一百年奋斗目标、基本实现国防和军队现代化提供有力保障，决定强调必须坚持党对人民军队的绝对领导，深入实施改革强军战略，就“完善人民军队领导管理体制机制”“深化联合作战体系改革”“深化跨军地改革”作出一系列重大战略部署。

“健全贯彻军委主席负责制的制度机制，深入推进政治建军”“优化军委机关部门职能配置，健全战建备统筹推进机制，完善重大决策咨询评估机制，深化战略管理创新，完善军事治理体系”……决定明确的改革任务，既完善领导管理体制，又健全与之相适应的工作运行机制，我军领导管理体制的优势进一步得到巩固和释放。

能够全面有效维护国家安全，要求我军基于网络信息体系的联合作战能力、全域作战能力有一个大的提升。决定围绕深化联合作战体系改革，提出完善军委联合作战指挥中心职能、优化战区联合作战指挥

★ 在空军航空开放活动·长春航空展上，运油 -20 和歼 -20、歼 -16 加油编队从米格 -15 飞机上空飞过（2023 年 7 月 29 日摄）。（新华社发　余红春摄）

中心编成、加强网络信息体系建设运用统筹等改革任务，着力加快推进联合作战指挥体系建设，提升联合作战指挥能力，确保我军能打仗、打胜仗。

深化国防和军队改革是一场攻坚战役，需要军队全力以赴，也需要全党全国大力支持，齐心协力完成跨军地改革任务。决定明确的健全一体化国家战略体系和能力建设工作机制、健全国防建设军事需求提报和军地对接机制、深化国防科技工业体制改革等改革任务，坚持军地一盘棋，有利于动员各方面力量，把军政军民团结的政治优势转化为助推改革强军的巨大力量。

坚持向深化改革要创造力、凝聚力、战斗力，坚持方向不变、道路不偏、力度不减，人民军队必将以更优策略、更高效益、更快速度把国防和军队现代化不断推向前进，坚决完成党和人民赋予的新时代使命任务，为以中国式现代化全面推进强国建设、民族复兴伟业提供安全保障和战略支撑。

注重加强党对改革的领导

办好中国的事情，关键在党。党的领导是进一步全面深化改革、推进中国式现代化的根本保证。

“正是基于党的领导和党的建设的极端重要性，全会决定在总结经验、阐述意义、提出原则、部署举措中，都把党的领导和党的建设作为重要内容。”中央政策研究室副主任唐方裕说。

决定主要从三个方面对提高党对进一步全面深化改革、推进中国式现代化的领导水平作出具体安排。

围绕“坚持党中央对进一步全面深化改革的集中统一领导”，决定强调党中央领导改革的总体设计、统筹协调、整体推进，鼓励各地区各部门结合实际开拓创新，围绕解决突出矛盾设置改革议题，优化重点改革方案生成机制等。

聚焦“深化党的建设制度改革”，决定要求加强党的创新理论武装，深化干部人事制度改革，树立和践行正确政绩观，全面提高干部现代化建设能力，探索加强新经济组织、新社会组织、新就业群体党的建设有效途径等。

紧扣“深入推进党风廉政建设和反腐败斗争”，决定部署健全政治监督具体化、精准化、常态化机制，健全防治形式主义、官僚主义制度机制，健全为基层减负长效机制，完善一体推进不敢腐、不能腐、不想腐工作机制，完善党和国家监督体系等。

一系列重要部署，切实加强和改善党的领导，充分彰显了以习近平同志为核心的党中央持之以恒推进全面从严治党、坚持把党的领导贯穿改革各方面全过程的清醒与坚定。

山雄有脊，房固赖梁。

决定强调，必须深刻领悟“两个确立”的决定性意义，增强“四个意识”、坚定“四个自信”、做到“两个维护”，保持以党的自我革命引领社会革命的高度自觉，坚持用改革精神和严的标准管党治党，完善党的自我革命制度规范体系，不断推进党的自我净化、自我完善、自我革新、自我提高，确保党始终成为中国特色社会主义事业的坚强领导核心。

（新华社北京 2024 年 7 月 21 日电　新华社记者）

从三中全会公报读懂新一轮改革战略重点

7月15日至18日，举世瞩目的党的二十届三中全会在北京举行。全会审议通过了《中共中央关于进一步全面深化改革、推进中国式现代化的决定》。

从18日新华社受权发布的全会公报中，我们可以读出进一步全面深化改革的战略重点。

紧扣中心任务，重点部署未来5年改革任务

紧紧围绕党的中心任务谋划和推进改革，是我们党领导改革不断取得成功的重要经验。推进中国式现代化，是新征程上凝聚全党全国人民智慧和力量的旗帜，也必然是进一步全面深化改革的主题。

“中国式现代化是在改革开放中不断推进的，也必将在改革开放中开辟广阔前景。”全会公报中的这句话，深刻点明了推进中国式现代化和改革开放之间的内在联系。

全会指出，进一步全面深化改革的总目标是“继续完善和发展中国特色社会主义制度，推进国家治理体系和治理能力现代化”。同时，锚定到2035年要实现的改革目标，重点部署未来5年，明确“到

二〇二九年中华人民共和国成立八十周年时，完成本决定提出的改革任务”。

党的二十届三中全会具有继往开来的里程碑意义——既是党的十八届三中全会以来全面深化改革的实践续篇，也是新征程推进中国式现代化的时代新篇。

“聚焦构建高水平社会主义市场经济体制，聚焦发展全过程人民民主，聚焦建设社会主义文化强国，聚焦提高人民生活品质，聚焦建设美丽中国，聚焦建设更高水平平安中国，聚焦提高党的领导水平和长期执政能力”——全会鲜明提出“七个聚焦”，既是推进中国式现代化的发力点，也是进一步全面深化改革的着力点。

“高水平社会主义市场经济体制是中国式现代化的重要保障”“城乡融合发展是中国式现代化的必然要求”“发展全过程人民民主是中国式现代化的本质要求”“中国式现代化是物质文明和精神文明相协调的现代化”……一系列明确要求，体现了紧扣中国式现代化来谋划和部署新一轮改革的鲜明指向。

总结宝贵经验，以“六个坚持”指明进一步全面深化改革必须贯彻的原则

全会高度评价新时代以来全面深化改革的成功实践和伟大成就，同时以“六个坚持”深刻总结改革开放以来特别是新时代全面深化改革的宝贵经验——

“坚持党的全面领导、坚持以人民为中心、坚持守正创新、坚持以制度建设为主线、坚持全面依法治国、坚持系统观念”。

2013 年，党的十八届三中全会对改革开放的成功实践进行了科学

总结，分别从党的领导、思想路线、实践主体、科学方法等方面概括了“四个坚持”的重要经验。

新时代以来，以习近平同志为核心的党中央以巨大的政治勇气和智慧，把中国特色社会主义改革理论和改革实践推进到新的广度和深度。如今，改革的思想基础、实践基础、制度基础、民心基础更加坚实。

在改革实践中不断推进理论创新，以理论创新指引新的改革实践。“六个坚持”的重大原则，充分体现了习近平新时代中国特色社会主义思想的世界观、方法论和贯穿其中的立场观点方法，进一步深化了我们党对改革规律的认识，是新征程上进一步全面深化改革的重要遵循。

回应社会期待，牵住经济体制改革“牛鼻子”

面对纷繁复杂的国际国内形势，面对新一轮科技革命和产业变革，面对人民群众新期待，必须把进一步全面深化改革作为稳大局、应变局、开新局的重要抓手。

今年 2 月召开的中央深改委第四次会议强调，“要科学谋划进一步全面深化改革重大举措，聚焦妨碍中国式现代化顺利推进的体制机制障碍”“改革举措要有鲜明指向性，奔着解决最突出的问题去，改革味要浓、成色要足”。

此次全会坚持目标导向和问题导向相结合，对进一步全面深化改革做出系统部署。从全会公报可以看到，经济体制改革的内容是重中之重，十分注重发挥经济体制改革的牵引作用。

一个目标格外醒目：“到二〇三五年，全面建成高水平社会主义市场经济体制”。这是“七个聚焦”之首，而且时间表和路线图十分清晰。

“构建高水平社会主义市场经济体制，健全推动经济高质量发展体制机制，构建支持全面创新体制机制，健全宏观经济治理体系，完善城乡融合发展体制机制，完善高水平对外开放体制机制……”

全会以新发展理念引领改革，聚焦推动高质量发展的突破口和关键点，为不断开创高质量发展新局面注入改革动力。

教育、科技、人才是中国式现代化的基础性、战略性支撑。全会把创新摆在突出位置，鲜明提出“统筹推进教育科技人才体制机制一体改革”，这是继党的二十大对教育、科技、人才进行专章部署后，又一项重大战略部署。

同时，致力于实现高质量发展和高水平安全良性互动，全会还特别强调必须全面贯彻总体国家安全观，完善维护国家安全体制机制。

在重点推进经济体制改革的同时，统筹谋划好其他各领域改革，充分彰显进一步全面深化改革“更加注重系统集成，更加注重突出重点，更加注重改革实效”的鲜明特征。

（新华社客户端 2024 年 7 月 19 日　新华社记者朱基钗、黄玥）

坚定不移全面深化改革

全面深化改革要增强改革自觉，要主动回答利益关系之问，在深层次利益关系调整上实现重要突破

全面深化改革要直面问题，强化问题意识，突出问题导向，围绕发展所需，顺应民心所向，着力解决制约高质量发展的堵点问题、影响社会公平正义的热点问题、民生方面的难点问题、党的建设的突出问题、各领域的风险问题

构建高水平社会主义市场经济体制，重在推动深层次市场化改革，更好发挥市场机制作用，创造更加公平、更有活力的市场环境，激发全社会内生动力和创新活力

党的二十届三中全会是在新时代新征程上，中国共产党坚定不移高举改革开放旗帜，紧紧围绕推进中国式现代化进一步全面深化改革而召开的一次十分重要的会议。全会要求，“必须自觉把改革摆在更加突出位置，紧紧围绕推进中国式现代化进一步全面深化改革”。这是从新征程党和国家面临的新形势新任务出发考虑的，为实现第二个百年奋斗目标提供强大动力和制度保障。

全面深化改革是推进中国式现代化的根本动力

改革开放40多年来，在党的领导下，我国构建起了充满活力的社会主义市场经济体制。新征程上，推进中国式现代化，仍将以全面深化改革作为根本动力，进一步解放思想、解放和发展社会生产力、解放和增强社会活力。

坚定改革自信，增强改革自觉。全会高度评价新时代以来全面深化改革的成功实践和伟大成就，认为当前和今后一个时期是以中国式现代化全面推进强国建设、民族复兴伟业的关键时期。因此，全面深化改革要增强改革自觉，主动回答利益关系之问，在深层次利益关系调整上实现重要突破；主动回答时代之问，持续推进制度变革与创新；主动把推动生产关系和生产力、上层建筑和经济基础、国家治理和社会发展更好相适应作为重大任务，为中国式现代化提供强大动力和制度保障。

强化问题意识，突出问题导向。与40多年前不同，今天改革的时代背景、内外环境、重点任务、内在逻辑都在发生重大深刻变化。全面深化改革要直面问

题，强化问题意识，突出问题导向，围绕发展所需，顺应民心所向，着力解决制约高质量发展的堵点问题、影响社会公平正义的热点问题、民生方面的难点问题、党的建设的突出问题、各领域的风险问题，增强改革的针对性、实效性。

加强整体谋划，坚持系统观念。坚持系统观念，是全面深化改革的内在要求，也是推进改革的重要方法。必须坚持系统观念、全局观念，以推进中国式现代化的目标任务和面临的重大问题为提领，强化战略思维、辩证思维，分轻重缓急，更加注重系统集成。要加强改革举措协调配套，推动各领域各方面改革举措同向发力，增强整体效能。

加快构建高水平社会主义市场经济体制

改革开放 40 多年来，我们党把握国情，顺应时代发展潮流，探索建设中国特色社会主义的成功之路，建立起充满活力的社会主义市场经济体制。这是中国改革实践作出的重大理论贡献。党的二十届三中全会提出全面建成高水平社会主义市场经济体制的战略部署，对全面深化改革提出更高的目标要求。

构建高水平社会主义市场经济体制是新时代经济体制改革的目标取向。当前，全面深化改革仍面临着经济与社会、政府与市场、公平与效率、发展与安全等深层次体制机制矛盾。例如，消费预期不足既有优质服务供给短缺的因素，更有收入分配制度改革滞后导致收入结构失衡等因素的制约；市场活力不足既有国际形势复杂变化的因素，也有政府治理有效性不足的原因。这就需要更好发挥经济体制改革的牵引作用，着力推动关键性基础性重大改革的突破创新。

更好发挥市场机制作用是构建高水平社会主义市场经济体制的重

★ 位于上海外高桥保税区的中国（上海）自由贸易试验区的标志“海鸥门”（2023 年 8 月 1 日摄，无人机照片）。（新华社记者方喆摄）

大任务。构建高水平社会主义市场经济体制，重在推动深层次市场化改革，更好发挥市场机制作用，创造更加公平、更有活力的市场环境，激发全社会内生动力和创新活力。同时要实现更科学的宏观调控、更有效的政府治理，更好维护市场秩序、弥补市场失灵。例如，按照全会提出的“促进城乡要素平等交换、双向流动”的要求，在“两个严格”（严格农村土地用途规制和规划限制）的前提下，“深化土地制度改革”，建立城乡统一建设用地市场；按照“健全推进新型城镇化体制机制”要求，以加快全面实行城乡统一的居住证制度为重点深化劳动力要素市场化改革，推动农民工市民化进程；按照“健全促进实体经济和数字经济深度融合制度”要求，建立数据要素优化配置与高效利用的体制机制，加快建立健全数据产权制度等。

创造更加公平、更有活力的市场环境，实现资源配置效率最优化和效益最大化。公平竞争是高水平社会主义市场经济体制的基本要求。落实二十届三中全会精神，要坚持和落实“两个毫不动摇”，促进各种所有制经济优势互补、共同发展。例如，从法律层面明确公有制经济和非公有制经济“依法平等使用生产要素、公平参与市场竞争、同等受到法律保护”；以优化国有资本布局为重点，在促进科技创新、共同富裕、基础创新及带动民营经济转型升级中发挥重要作用；强化竞争政策的基础地位，强化公平竞争审查的刚性约束，把反垄断，尤其是行政垄断作为市场监管变革的重大举措等。

以更大魄力和务实行动实现全面深化改革重要突破

二十届三中全会要求到 2029 年完成提出的改革任务。到 2035 年，全面建成高水平社会主义市场经济体制。为此，要按照中央一再要求的“注重改革实效”，以更大魄力和务实行动实现全面深化改革的重要突破。

注重改革部署高效落实。改革越是向纵深推进，触及的利益矛盾越是复杂尖锐，硬骨头越难啃，每前进一步都不容易，需要以更大魄力推进改革。改革是闯出来、拼出来、干出来的。实现全面深化改革的突破，需要更多的“改革实干家”，需要更多的改革务实行动；增强全面深化改革的预期，重在务实行动，重在严格落实中央已经部署的各项改革。要汲取改革精神，激发改革动力，保护改革者，鼓励探索者，以钉钉子精神抓改革实效。

调动人民参与改革的积极性，增强人民对进一步全面深化改革的获得感。抓改革、促发展，归根到底是为了让人民过上更好的日子。要以提高教育、医疗、社会保障等公共消费比重为重点实施积极的财政政策，提高基本公共服务均等化水平；将深化收入分配制度改革、赋予农民更多财产权、加快户籍制度改革等作为落实党的二十届三中全会提出的“城乡融合发展”的重大举措，明显缩小城乡收入差距，逐步实现、扎实推动共同富裕等。

推动高水平对外开放，坚持以开放促改革。开放是中国式现代化的鲜明标识。以开放促改革、促发展是我国现代化建设不断取得新成就的重要法宝。进一步全面深化改革，要稳步扩大制度型开放，主动对接国际高标准经贸规则，进一步放宽市场准入，扩大鼓励外商投资产业目录，合理缩减外资准入负面清单，切实保障外资企业国民待遇和合法权益。

（作者迟福林系中国（海南）改革发展研究院院长，原文刊载于《瞭望》新闻周刊2024年第30期）

把构建高水平社会主义市场经济体制作为中国式现代化的重要保障

在当下经济环境中，做到既“放得活”又“管得住”，需要精准平衡市场活力与监管力度，确保经济在公平竞争中保持健康平稳发展

畅通国民经济循环并激发全社会的内生动力和创新活力，可以从破除体制机制障碍、提高供给体系的质量、推动流通体系的完善、推动产业链供应链的现代化、激发全社会创新活力五个方面入手

党的二十届三中全会决定指出，高水平社会主义市场经济体制是中国式现代化的重要保障。必须更好发挥市场机制作用，创造更加公平、更有活力的市场环境，实现资源配置效率最优化和效益最大化，既“放得活”又“管得住”，更好维护市场秩序、弥补市场失灵，畅通国民经济循环，激发全社会内生动力和创新活力。

为什么说构建高水平社会主义市场经济体制是中国式现代化的重要保障

高水平社会主义市场经济体制有助于创造更加公平、更有活力的市

场环境，优化资源配置，提高经济效益。这样的体制能够激发全社会的创新活力，推动经济高质量发展。同时，通过进一步深化改革开放，破除体制机制障碍，可以不断释放市场主体的活力和社会的创造力，促进国民经济更高质量、更有效率、更加公平、更可持续、更为安全发展。

到 2035 年，我们要全面建成高水平社会主义市场经济体制，实现社会主义市场经济体制更加系统完备和成熟定型。

一是坚持与完善基本经济制度。坚持公有制为主体、多种所有制经济共同发展，毫不动摇巩固和发展公有制经济，毫不动摇鼓励、支持、引导非公有制经济发展，保证各种所有制经济依法平等使用生产要素、公平参与市场竞争、同等受到法律保护。按劳分配为主体、多种分配方式并存，完善收入分配制度，促进收入分配更合理、更有序，推动形成橄榄型分配结构。

二是平衡发挥市场机制与政府作用。一方面，发挥市场机制的决定性作用，通过更好发挥市场机制作用，创造更加公平、更有活力的市场环境，实现资源配置效率最优化和效益最大化。另一方面，实现政府的有效调控，通过健全宏观经济治理体系，发挥国家发展规划的战略导向作用，加强财政政策和货币政策协调配合，科学实施宏观调控，保持经济运行在合理区间。

三是构建全国统一大市场。完善产权保护、市场准入、公平竞争、社会信用等市场经济基础制度，优化营商环境。加快土地、劳动、资本、技术、数据等要素市场化改革，畅通要素循环，提高要素配置效率。

四是创新驱动与高质量发展。加强创新体系建设，培育创新型人才，强化企业科技创新主体地位，推动产业链、创新链、资金链、人才链深度融合。聚焦高质量发展，加快构建新发展格局，推动经济实现质的有效提升和量的合理增长，提升产业链供应链现代化水平，增强国内大循环内生动力和可靠性。

五是实现高水平对外开放。扎实推动制度型开放，通过扩大高水平对外开放，推动贸易和投资自由化便利化，建设高标准市场体系，打造市场化、法治化、国际化营商环境。积极参与全球经济治理体系改革和建设，推动构建人类命运共同体。

做到既“放得活”又“管得住”

在当下经济环境中，做到既“放得活”又“管得住”，需要精准平衡市场活力与监管力度，确保经济在公平竞争中保持健康平稳发展。

围绕“放得活”，一是深化市场化改革。降低市场准入门槛，简化审批流程，鼓励更多市场主体参与竞争。完善市场竞争机制，确保各种所有制经济依法平等使用生产要素、公平参与市场竞争、同等受到法律保护。加强知识产权保护，鼓励企业加大研发投入，推动技术创新和产业升级。二是优化营商环境。深入推进“放管服”改革，简化办事流程，提高政务服务水平和效率。继续实施减税降费政策，降低企业成本，增强企业竞争力。完善法律法规体系，保障市场主体的合法权益，营造公平、透明、可预期的营商环境。三是构建全国统一大市场。一方面，打破地方保护和市场分割，推动形成全国统一的市场监管规则和制度，打破地区封锁和行业垄断。另一方面，促进商品和要素自由流动，加快建设现代流通体系，降低物流成本，提高流通效率。

围绕“管得住”，一是加强监管能力建设。通过建立健全事前、事中、事后的全链条监管体系，提高监管效能。主动运用大数据、云计算、人工智能等现代信息技术手段，提高无感监管的精准性和及时性。二是强化重点领域监管。加强金融市场监管，防范化解金融风险，维护金融稳定和安全。加强食品安全、药品安全等民生领域监管：保障人民群众的生命安全和身体健康。加强反垄断和反不正当竞争执法：维护公平竞争的市场秩序，防止资本无序扩张和垄断行为。三是完善法律法规和制度保障。加强立法工作，重点针对新兴业态和领域，及时制定和完善相关法律法规，为监管提供法律依据。强化执法力度，对违法违规行为依法严厉查处，形成有效震慑。四是积极推动社会共治。一方面加强行业协会自律，引导行业协会加强自律管理，规范行业行为。另一方面，鼓励公众参与监督，拓宽公众参与渠道，提高公众监督意识和能力。

高水平社会主义市场经济体制的一个重要特征就是既“放得活”又“管得住”，做好这一点，需要政府、企业和社会共同努力，形成合力。通过深化市场化改革、优化营商环境等措施，就能推动经济在自由竞争的同时保持健康稳定的发展。

畅通国民经济循环激发全社会内生动力和创新活力

畅通国民经济循环并激发全社会的内生动力和创新活力可以从以下五个方面入手：

破除体制机制障碍。努力推动体制创新，构建微观主体有活力、市场机制有效、宏观调控有度的市场经济运行机制，提升企业创新力和竞争力。高水平构建完善的要素市场化配置体制机制，提高要素配置效率。进一步完善高水平开放型经济新体制，通过体制机制创新培育开放型经济的新动能，构建新开放格局和国际合作新优势。积极探索实施更高水平、更高标准的贸易投资自由化、便利化措施，深入推进贸易便利化，推动对外贸易创新发展。不断完善畅通国民经济循环的制度，以建设高标准市场体系为目标，健全公平竞争制度，完善产权界定制度、产权交易制度、产权保护制度。深化要素市场化配置改革，促进国内规则全面对接国际高标准市场规则体系。

提高供给体系质量。加强供给侧结构性改革，通过扩大有效供给、高效供给和中高端供给，满足人民多层次、多样化的消费需求。通过转型升级优化供给结构，通过扩大内需拓展供给空间，通过创新提高供给效益，通过改革释放供给活力。通过提升产业质量，着力优化产能，合理规划产业规模，优化产业结构，提升产业发展质量，提高产能利用率。推动传统产业引入互联网、大数据、人工智能等新技术，进行生产流程、管理模式和商业模式再造。努力提高产品质量。抓住消费升级的趋势，实施创新驱动发展战略，大力培育和发展新质生产力，努力提供更高质量的产品。通过优化产品结构，推动产品结构由

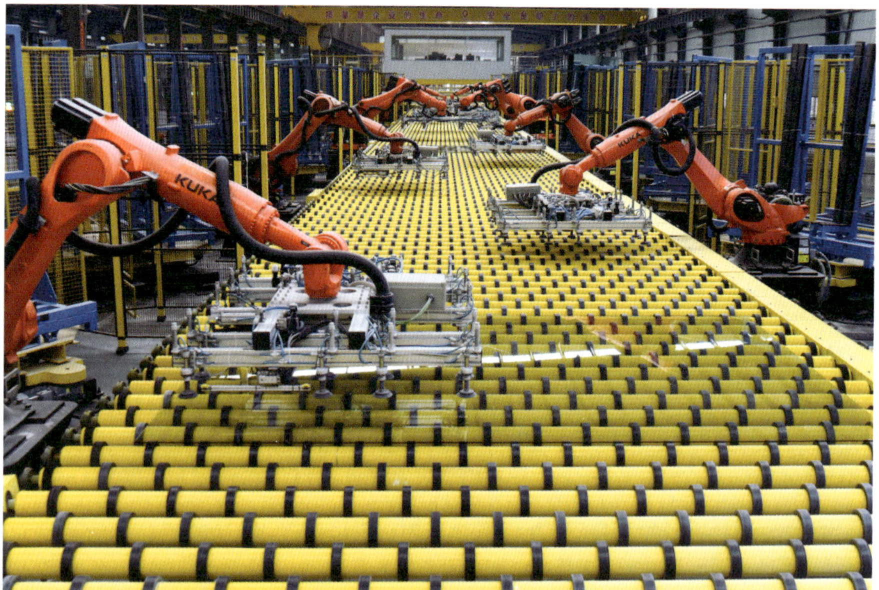

★ 2023 年 10 月 14 日在河南省中联玻璃有限责任公司拍摄的浮法玻璃智能化生产车间。（新华社记者朱祥摄）

低技术含量、低附加值产品为主转向高技术含量、高附加值产品为主。不断提高制度供给的质量。强化各类主体的创新发展导向，从而更好地发挥市场本身驱动创新发展的作用。

推动流通体系完善。通过构建大流通体系，把物流、商流、价值流、信息流以及信用体系、金融支持体系结合起来构成大流通，推动物流业和制造业深度融合。以国际一流流通标准为指导，积极培育在国内具有生机活力、在全球具有竞争力的现代流通企业。通过推进流通业的数字化、智能化改造，加强标准化建设，支持商贸流通设施改造升级，提升流通企业的数据化和智能化水平。

推动产业链供应链现代化。立足推动全产业链优化升级，锻造产业链供应链长板，立足我国超大规模市场优势的特点，打造新兴产业链，提高产业链现代化水平，推动传统产业高端化、智能化。补齐产业链供应链短板，优化区域产业链布局，提升产业链供应链数字化水平。立足推动产业基础再造工程，推动产业链、创新链、供应链和价值链的融合，以关键核心技术攻关来推动产业链供应链多元化，推进新产业新业态，提升产业链质量。立足推动产业链供应链的数字化进程，以人工智能、大数据、云计算技术为支撑，加快产业链供应链的数字化、智能化步伐，发展数字经济、智能制造等新业态。

激发全社会创新活力。大力加强创新环境建设，提供良好的创新政策环境，包括税收优惠、资金支持、知识产权保护等，降低创新成本，激发创新活力。大力培养创新人才，加大对教育、科研的投入，培养高素质创新人才，为经济社会发展提供源源不断的智力支持。大力鼓励企业创新，支持企业加大研发投入，建立创新激励机制，鼓励企业开展技术创新、管理创新、商业模式创新等。

畅通国民经济循环并激发全社会的内生动力和创新活力是一个系

统工程，需要从提高供给体系质量、完善流通体系、推动产业链供应链现代化等多个方面入手。通过这些措施的实施，形成强大的发展合力，推动经济持续健康发展。

（作者黄燕芬系中国人民大学杰出学者、公共管理学院二级教授、博导；杨宜勇系中国宏观经济研究院二级研究员，国家发展改革委市场与价格研究所前所长。原文刊载于《瞭望》新闻周刊2024年第30期）

钟华论：在新征程上谱写改革开放新篇章

历史的巨笔，常在关键处落墨；伟大的征途，总在开拓中奋进。

盛夏时节，万物蓬勃。即将召开的党的二十届三中全会，重点研究进一步全面深化改革、推进中国式现代化问题，对围绕中国式现代化进一步全面深化改革作出总体部署。

风雨兼程，大道无垠。在强国建设、民族复兴的新征程上，新时代中国共产党人坚定不移高举改革开放伟大旗帜，汇聚起亿万中国人民的智慧和力量，必将谱写改革开放新篇章，创造令世人刮目相看的新奇迹！

（一）

太空再次闪耀中国红！不久前，嫦娥六号在人类历史上首次实现月球背面采样返回。这是我国建设航天强国、科技强国取得的又一标志性成果。

探月工程的新高度，背后是科技体制改革不断深化的力度。通过深化改革，激发各方面创新活力，集聚国家战略科技力量合力攻坚，充分发挥新型举国体制优势，中国走出了一条高质量、高效益的月球探

★ 2024 年 6 月 25 日 14 时 7 分，嫦娥六号返回器携带来自月背的月球样品安全着陆在内蒙古四子王旗预定区域，探月工程嫦娥六号任务取得圆满成功。（新华社记者贝赫摄）

测之路。以改革之火点燃创新引擎，科技领域的“中国式浪漫”不断震撼世人：“嫦娥”揽月、“天和”驻空、“天问”探火、“地壳一号”挺进地球深处、“奋斗者”号探万米深海……

拉长视角，更能读懂改革开放之于当代中国发展进步的重要意义。党的十八届三中全会以来，以习近平同志为核心的党中央以巨大的政治勇气和智慧、前所未有的决心和力度，领导全党全国人民冲破思想观念的束缚，突破利益固化的藩篱，坚决破除各方面体制机制弊端，积极应对外部环境变化带来的风险挑战，开启了气势如虹、波澜壮阔的全面深化改革进程。

10 多年来，全面深化改革是全方位、深层次、根本性的，实现改革由局部探索、破冰突围到系统集成、全面深化的转变。看广度，

★ “探索一号”科考船搭载“奋斗者”号全海深载人潜水器返回海南三亚（2024 年 3 月 28 日摄）。此次科考历时 50 天，顺利完成中国－印度尼西亚爪哇海沟联合深潜任务。（新华社发　沙晓峰摄）

2000 多个改革方案覆盖经济、政治、文化、社会、生态文明、党的建设、国防和军队等各个领域，改革的系统性、整体性、协同性显著提升；看深度，关键领域改革步入深水区，有效破解重大体制机制问题、深层次矛盾和问题；看力度，敢于啃硬骨头，敢于涉险滩，许多领域实现历史性变革、系统性重塑、整体性重构；看温度，历史性地解决了绝对贫困问题，建成世界上规模最大的教育体系、社会保障体系、医疗卫生体系，人民生活全方位改善；看开放度，设立 22 个自贸试验区，不断缩减外资准入负面清单，免签“朋友圈”持续扩容，成为 140 多个国家和地区的主要贸易伙伴，对世界经济增长年均贡献率超过 30%……

山河为卷，改革为笔，画出更新更美的图画。全面深化改革，淬

★ 在广西桂林市龙胜各族自治县龙胜镇第二小学，一名老师在指导学生们练习多耶舞蹈动作（2024 年 6 月 26 日摄）。（新华社记者李尕摄）

炼了发展亮色，彰显了政治本色，提升了治理成色，增添了生态绿色，厚植了为民底色，在中华大地上描绘出“无边光景一时新”的壮阔图景。

改革开放是当代中国最显著的特征、最壮丽的气象。通过全面深化改革，各领域基础性制度框架基本建立，中国特色社会主义制度更加成熟更加定型，国家治理体系和治理能力现代化水平明显提高，党和国家事业焕发出新的生机活力，中国式现代化展现出光明前景。

在深圳市委大院门前，埋头奋蹄的铜雕“拓荒牛”充满力量，彰显改革者敢为人先、干事创业的精气神；在雄安新区雄狮公园内，威武大气的石雕“雄安狮”眺望“一带一路”主题广场，展现着新时代中国拥抱世界的博大胸怀。定格时代记忆的两座雕塑，在人们心中激荡起振聋发聩的时代强音：改革不停顿，开放不止步！

（二）

泉城五月，万物并秀，企业和专家座谈会在这里举行。“这一次改革，我们将紧扣推进中国式现代化主题。”党的二十届三中全会前，习近平总书记主持召开这场面向基层的座谈会，深刻阐述了进一步全面深化改革的一系列重大理论和实践问题，释放出以全面深化改革推进中国式现代化的鲜明信号。

没有科学理论的指引，就没有伟大实践的推进。党的十八大以来，习近平总书记深刻总结历史经验，精准把握改革规律，运用马克思主义立场观点方法，发表一系列富有创造性、战略性、指导性的重要论述，实现了改革理论的一系列重大创新和突破。

鲜明提出“我们的改革是在中国特色社会主义道路上不断前进的改革”“全面深化改革必须加强和改善党的领导”，指明了全面深化改革的正确方向；鲜明提出“要把全面深化改革作为推进中国式现代化的根本动力”，揭示了新的历史条件下全面深化改革的重大意义；鲜明提出“完善和发展中国特色社会主义制度、推进国家治理体系和治理能力现代化”，确立了全面深化改革的总目标；鲜明提出“以促进社会公平正义、增进人民福祉为出发点和落脚点”，阐明了以人民为中心的改革价值取向；鲜明提出“加强顶层设计和整体谋划”“运用法治思维和法治方式”等科学方法，形成了改革开放以来最丰富、最全面、最系统的改革方法论；系统总结新时代全面深化改革“六个坚持”的宝贵经验和重大原则，进一步深化对改革规律的认识……这些重要论述，构成一个内涵丰富、系统完整、逻辑严密的科学理论体系，深刻回答了为什么改、为谁改、怎么改等重大理论和实践问题，为全面深化改革提供了科学行动指南和强大精神力量。

★ 雄安新区金湖公园（2024年3月29日摄，无人机照片）。（新华社记者牟宇摄）

这是“一张蓝图绘到底”的战略谋划。全面深化改革，关键在“深化”，重点在“全面”。习近平总书记亲自担任中央全面深化改革领导小组组长、中央全面深化改革委员会主任，主持召开72次中央深改领导小组和中央深改委会议，议大事、抓要事、谋全局，亲力亲为谋划指导改革的总体设计、统筹协调、整体推进、督促落实，为改革提供了最坚强有力的领导保障。在以习近平同志为核心的党中央坚强领导下，自上而下形成党领导改革工作体制机制，对全面深化改革作出一系列重大战略部署，有效应对重大风险挑战、克服艰难险阻，推动党和国家事业取得历史性成就、发生历史性变革。

这是“知重负重、攻坚克难”的责任担当。“没有习近平总书记下决心，很多重大改革是难以出来的”，一位参与党的十八届三中全会文件起草的成员如是感慨。攻克险峻之难关，必有非凡之魄力；冲破崔嵬之要隘，必有卓绝之勇毅。面对“四大考验”“四种危险”，习近平总书记以“得罪千百人、不负十四亿”的使命担当，深化党建领域改革，驰而不息推进全面从严治党；面对“和平积弊”，深化国防和军队改革，人民军队体制一新、结构一新、格局一新、面貌一新；面对“大进大出的环境条件已经变化”，提出构建以国内大循环为主体、国内国际双循环相互促进的新发展格局，引领新时代中国牢牢把握发展主动权……一系列重大部署和举措既有“破”的魄力，更有“立”的担当，凝聚起攻坚克难的强大力量，推动“中国号”巨轮破浪前行。

这是“看准了就坚定不移抓”的实干精神。“既当改革促进派、又当改革实干家”，习近平总书记率先垂范，更对广大党员干部提出明确要求，汇聚起共同为改革想招、一起为改革发力的磅礴力量。实干，体现在以钉钉子精神抓好改革任务落实的行动中，体现在对形式主义、官僚主义的有力纠治中，体现在让改革者想干事、能干事、干成事的良好氛围中，体现在各领域改革带来的可喜变化中……

回望来路自慷慨，再赴征程气如虹。站在新的历史起点上，我们更加深刻地认识到，全面深化改革之所以取得历史性伟大成就，根本在于习近平总书记领航掌舵，在于习近平新时代中国特色社会主义思想的科学指引。新征程上，深刻领悟“两个确立”的决定性意义，坚决做到“两个维护”，自觉在思想上政治上行动上同以习近平同志为核心的党中央保持高度一致，我们抓改革、促发展、推进中国式现代化，就有了根本政治保证，就有了最大的底气和信心。

（三）

1978 年，邓小平同志在党的十一届三中全会上指出：“实现四个现代化是一场深刻的伟大的革命。在这场伟大的革命中，我们是在不断地解决新的矛盾中前进的。”2024 年，习近平总书记在全国两会期间强调：“要谋划进一步全面深化改革重大举措，为推动高质量发展、推进中国式现代化持续注入强劲动力。”历史和实践昭示，改革开放是党和人民大踏步赶上时代的重要法宝。

当今世界，变革创新的潮流滚滚向前。党的二十大擘画了全面建设社会主义现代化国家的宏伟蓝图，确立了以中国式现代化全面推进强国建设、民族复兴伟业的中心任务。推进中国式现代化，是新征程上凝聚全党全国人民智慧和力量的旗帜，也必然是进一步全面深化改革的主题。

推进中国式现代化是前无古人的事业，还有许多未知领域，需要我们在实践中去大胆探索，通过改革创新来推动事业发展。实现新时代新征程的目标任务，要把全面深化改革作为推进中国式现代化的根本动力，作为稳大局、应变局、开新局的重要抓手，把准方向、守正创新、真抓实干，在新征程上不断谱写改革开放新篇章。

当前和今后一个时期，是以中国式现代化全面推进强国建设、民族复兴伟业的关键时期。向外看，世界百年未有之大变局加速演进，外部环境的复杂性、严峻性、不确定性上升，世界进入新的动荡变革期。向内看，我国改革发展稳定面临不少深层次矛盾躲不开、绕不过，发展不平衡不充分问题仍然突出，推动高质量发展还有许多卡点瓶颈。时间不等人，历史不等人。面对纷繁复杂的国际国内形势，面对新一轮科技革命和产业变革，面对人民群众新期待，必须义无反顾把改革开放不断向前推进。

进一步全面深化改革，就是要锚定继续完善和发展中国特色社会

★ 2024 年 5 月 18 日，杭温高铁检测列车驶出山星岩隧道（无人机照片）。（新华社发　吴杰琛摄）

主义制度、推进国家治理体系和治理能力现代化这个总目标，紧扣推进中国式现代化这个主题，坚决破除妨碍推进中国式现代化的思想观念和体制机制弊端，着力破解深层次体制机制障碍和结构性矛盾，不断解放和发展社会生产力，不断完善和发展中国特色社会主义制度，不断满足人民群众对美好生活的向往，为中国式现代化注入强劲动力、提供有力制度保障。

每小时385公里！不久前，杭温高铁试验列车顺利跑出了试验目标速度值，而时速400公里的CR450动车组正在加紧研制，将于年内下线。沿着中国式现代化道路阔步向前，向着更高更远的目标挺进，实践发展永无止境，改革开放未有穷期……

（四）

进一步全面深化改革，工作千头万绪，攻坚千难万险，向何处发力，在何处突破？实践启示我们，抓住了改革重点，就能找到破解问题的支点。

以“三权分置”改革为龙头推动农村基本经营制度重大创新，以司法责任制改革为抓手深化司法体制改革，以国家监察体制改革为驱动健全党和国家监督体系……牢牢抓住主要矛盾和矛盾的主要方面，把握关键环节，实现重点突破，是新时代全面深化改革的宝贵经验，也是进一步全面深化改革的战略考量。

发展是第一要务，坚持高质量发展是新时代的硬道理。进一步全面深化改革，要以经济体制改革为牵引，坚持和发展我国基本经济制度，构建高水平社会主义市场经济体制，健全宏观经济治理体系和推动高质量发展体制机制，完善支持全面创新、城乡融合发展等体制机制，

★ 2024 年 7 月 10 日拍摄的六盘水市六枝特区牂牁江风景名胜区风光（无人机照片）。（新华社记者陶亮摄）

进一步解放和发展社会生产力、增强社会活力，推动生产关系和生产力、上层建筑和经济基础更好相适应。

问题是时代的声音，改革是发展的动力。必须坚持目标导向和问题导向相结合，奔着问题去、盯着问题改，从现实需要出发，从最紧迫的事情抓起，在解决实践问题中深化理论创新、推进制度创新。

优化营商环境要打破哪些“隐形门”？加快全国统一大市场建设要拆除哪些“篱笆墙”？加快发展新质生产力要搬除哪些“绊脚石”？释放创新活力需要怎样的“点火系”？增进人民幸福有哪些亟待解决的“急难愁盼”问题？……无论是推进经济体制改革还是其他领域改革，只有聚焦全局性、战略性问题谋划改革举措，打通发展堵点、消除体制卡点、破解实践难点，才能实现纲举目张，以重点突破带动改革整

★ 2019年11月13日，在位于北京亦庄的12345市民热线话务大厅，工作人员接听热线电话。北京坚持“民有所呼、我有所应”，依托12345市民服务热线，创新开展吹哨报到、接诉即办。（新华社记者彭子洋摄）

体推进，为推动高质量发展、加快中国式现代化建设不断注入强大动力。

北京深入推进接诉即办改革，用一根热线“绣花针”穿起民生“万根线”，让越来越多市民分享首都城市治理变革红利；上海设立“基础研究特区”，鼓励勇闯科学“无人区”，从源头和底层解决关键技术问题；广东以“百县千镇万村高质量发展工程”促进城乡区域协调发展，着力让“短板”变为“潜力板”；贵州通过创新生态产品价值实现机制，更好守护绿水青山、带来“金山银山”……改革之路没有坦途，但只要牵住“牛鼻子”、打好关键仗，就一定能跨越重重关山，迈向高质量发展新境界，创造中国式现代化新辉煌。

（五）

试点机动车行驶证电子化，实行摩托车登记“一证通办”，治理大数据“杀熟”“自动续费”等问题……进入 7 月，一批新规开始施行，折射出改革便民、惠民、利民的温度。

习近平总书记强调“抓改革、促发展，归根到底就是为了让人民过上更好的日子”，深刻指出“中国式现代化，民生为大”，宣示着鲜明的价值取向—坚持以人民为中心。在全面深化改革的精彩答卷中，“民生”是点睛之笔。户籍制度改革让 1.4 亿农业转移人口落户城镇，加快完善住房保障体系建设让 1.4 亿多群众喜圆安居梦，个人所得税改革惠及 2.5 亿人……

在人民群众眼中，改革是什么？是看得见的蓝天，从“PM250”到“永久的蓝”，蓝天保卫战久久为功；是摸得着的温度，清洁取暖让老百姓暖身又暖心；是买得起的药品，医药卫生体制改革不断深化，把不少救命药的价格“打了下来”；是握得住的幸福，通过改革发展带来

★ 2023 年 4 月 20 日，居民在湖州市德清县舞阳街道玉屏未来社区 24 小时自动售药机上购买药品。新华社发（谢尚国摄）

更广阔的就业门路、更贴心的养老服务、更加公平更有质量的教育……改革向前，民生更暖。

改革为了人民，改革依靠人民，改革成果由人民共享。新征程上，进一步全面深化改革，必须坚持以人民为中心，从人民的整体利益、根本利益、长远利益出发来谋划和推进。人民有所呼，改革有所应。从就业到增收，从入学到就医，从住房到托幼养老，老百姓关心什么、期盼什么，改革就要抓住什么、推进什么。多推出一些民生所急、民心所向的改革举措，多办一些惠民生、暖民心、顺民意的实事，不断把“问题清单”变成“惠民清单”，让人民群众有更多获得感、幸福感、安全感。

马克思主义认为，历史活动是群众的事业，决定历史发展的是“行动着的群众”。从小岗村“大包干”的一声春雷，到深圳蛇口的开山炮声；从“三来一补”的发展模式，到乡镇企业的创业历程；从深化集体林权制度改革，到推广用好新时代“枫桥经验”……实践证明，改革创新的最大活力就在人民群众中间，改革发展的无穷动力就在人民群众中间。以人民为念，汇人民之力，改革开放事业必将生生不息，中国式现代化建设必将浩荡前行。

（六）

领导中国改革有怎样的感悟？—10年前，习近平总书记访问欧洲，交流中，各方领导人问得最多的就是这个问题。总书记坦诚作答：“胆子要大、步子要稳。始终保持着清醒沉着，行百里者半九十。”一番话寓意深远，道出了改革方法的重要性。

改革有破有立，得其法则事半功倍。发展无止境，改革有章法。新征程上，进一步全面深化改革，更要讲求方式方法，从实际出发，按规律办事。

进一步全面深化改革，必须坚持守正创新。守正才能不迷失方向、不犯颠覆性错误，创新才能把握时代、引领时代。我们坚守的“正”，指明了改革开放的正确政治方向。改革无论怎么改，坚持党的全面领导、坚持马克思主义、坚持中国特色社会主义道路、坚持人民民主专政等根本的东西绝对不能动摇，必须坚持志不改、道不变，既不走封闭僵化的老路，也不走改旗易帜的邪路。我们追求的“新”，奔涌着国家发展进步的不竭动力。紧跟时代步伐，顺应实践发展，突出问题导向，在新的起点上推进理论创新、实践创新、制度创新、文化创新和其他各方面创新，把该改的、能改的改好、改到位。坚志而勇为，载道以

★ 在广西融安县浮石镇六寮村议事协商主题广场，镇、村干部和村民在议事（2024 年 1 月 5 日摄）。（新华社记者黄孝邦摄）

日新，我们必能推动改革开放事业行稳致远，不断驶向胜利的彼岸。

进一步全面深化改革，必须注重系统集成。行棋观大势，落子谋全局。在全面深化改革这盘大棋中，任何一个领域的改革都会牵动其他领域，同时也需要其他领域密切配合。唯有坚持系统观念，加强各项改革举措的协调配套，推动各领域各方面改革举措同向发力、形成合力，拧成一股绳、攒起一股劲，才能做到远近结合、上下贯通、内容协调，防止和克服各行其是、相互掣肘的现象，不断把改革推向前进。

进一步全面深化改革，必须狠抓落实。改革是实干的事业。“事者，生于虑，成于务”，新征程上推进深层次改革、扩大高水平开放，要重谋划，更要重落实。以实干精神筑牢改革之基，既要积极主动，更要扎实稳健，明确优先序，把握时度效，因地制宜、科学施策，做到量力而行、尽力而为。“行之苟有恒，久久自芬芳。”拿出“拼”的精神、“闯”的劲头、“实”的作风，一锤接着一锤敲，一茬接着一茬干，就能把进一步全面深化改革的战略部署转化为推进中国式现代化的强大力量。

不久前，深中通道正式通车。这是继港珠澳大桥后粤港澳大湾区建成的又一超大型交通工程，攻克了多项世界级技术难题，创造了多项世界纪录，凝结着广大建设者改革创新的不懈努力。逢山开路，遇水架桥，改革开放是干出来的，中国式现代化是干出来的，伟大事业都成于实干！

（七）

“平均3天推出一项制度创新”—这是前海对“深圳速度”新的定义；“从签约到开工仅用3个多月”—这是让外企为之震撼的“上海时间”；“300米进公园、1公里进林带、3公里进森林”—这是蓝绿交织、水城共融的“雄安画卷”，承载希望与梦想的“未来之城”正崛起于燕赵大地……今日之中国，涌动着改革创新的澎湃活力，升腾起中国式现代化的万千气象。

循大道，至万里；秉初心，谋远图。沿着改革开放这条强国建设、民族复兴的必由之路，中国共产党团结带领中国人民顽强拼搏、开拓前行，谱写了气壮山河的奋斗史诗。站在新的历史起点上，党的二十届三中全会将对进一步全面深化改革作出新的重大部署。这既是党的十八届三中全会以来全面深化改革的实践续篇，也是新征程推进中国式现代化的时代新篇。

“我们应当坚定一种信念，中国的改革开放之路一定可以成功。”新征程上，让我们更加紧密地团结在以习近平同志为核心的党中央周

★ 游客在上海外滩欣赏浦东陆家嘴景色（2019 年 8 月 2 日摄）。（新华社记者陈飞摄）

围，坚持以习近平新时代中国特色社会主义思想为指导，矢志不渝将改革开放进行到底，同心协力推进中国式现代化建设，谱写民族复兴伟业的历史新篇章！

（新华社北京 2024 年 7 月 13 日电）